Best Time

白马时光

自我养育

PARENT YOURSELF AGAIN

〔新加坡〕陈永康 著
肖心怡 译

天津出版传媒集团
百花文艺出版社

图书在版编目（CIP）数据

自我养育 /（新加坡）陈永康著；肖心怡译 . -- 天津：百花文艺出版社，2023.3
ISBN 978-7-5306-8470-2

Ⅰ . ①自… Ⅱ . ①陈… ②肖… Ⅲ . ①家庭关系－社会心理学 Ⅳ . ① C913.11

中国版本图书馆 CIP 数据核字 (2022) 第 244117 号

天津市版权局著作权合同登记章
图字 02-2022-270

自我养育
ZIWO YANGYU
〔新加坡〕陈永康 著 肖心怡 译

出 版 人： 薛印胜
责任编辑： 胡晓童
特约策划： 王俊艳　　**封面设计：** 扁 舟
出版发行： 百花文艺出版社
地址： 天津市和平区西康路 35 号　　**邮编：** 300051
电话传真： +86-22-23332651（发行部）
+86-22-23332656（总编室）
+86-22-23332478（邮购部）
主页： http://www.baihuawenyi.com
印刷： 三河市金元印装有限公司
开本： 880 毫米 × 1230 毫米 1/32
字数： 100 千字
印张： 7.5
版次： 2023 年 3 月第 1 版
印次： 2023 年 3 月第 1 次印刷
定价： 49.80 元

如有印装质量问题，请与三河市金元印装有限公司联系调换
地址：河北省廊坊市三河市杨庄镇杨庄村
电话：0316-3650243
邮编：065200

前言

Preface

精神导师拉姆·达斯（Ram Dass）曾经说过："如果你认为自己有所开悟，就去和父母一起住上一周吧。"我认为把"有所开悟"换成"自我同情"，这句话也同样成立。如果你想要知道你是否爱自己，就去和父母一起住吧——不仅仅是去看望他们，而是要去和他们生活在一起。对大多数人来说，我们一生中的冲突和不幸都始于原生家庭。学会如何爱自己的家人，你就能学会如何爱自己，反之亦然。

但是与父母相处并不容易。不管你多大年纪，只要和他们待在一起，就会自动变回一个孩子，他们的孩子。如果你和父母的关系并不算融洽，那么在与他们相处的时候，过去的那些不愉快和痛苦的回忆就会涌上心头。他们很可能会像以前那样对待你。

你小时候经常受到父母的批评吗？他们很可能会继续因为同样的事情批评你。你的父母是自恋的人吗？他们很可能不会有什么改变。

除非我们改变自己，否则我们与父母的关系永远不可能改变。

在这本书中，我希望你能够成为那个率先做出改变的人。谁对谁错并不重要。你可以爱自己，而不必等待父母或其他人来提供你所需要的爱和认可。父母永远无法成为我们希望他们成为的样子——一旦接受了这一事实，我们的内心就会变得轻松起来。这样，我们将不再依赖父母而得到被爱的感觉。让爱自己成为我们的责任，这是所有人都能做到的事情，因为我们自己就是爱的源泉。

与西方人不同的一点是我们通常和父母住在一起，直到结婚并建立起自己的家庭。所以作为一个亚洲人，我非常感激自己有很多机会来解决与父母之间的冲突。在与父母的关系上，我走过很长的一段弯路，我曾经确信他们并不爱我。但在消除误会并与他们一起生活多年后，我对他们对我的爱有了新的认识，并找到了一种与他们建立联结的方式。或许他们没能给予我所寻求的那种爱，但我感谢他们以自己独特的方式爱我。

和我的其他书一样，本书中的大部分观点都来自我的经历和观察，如果你想要读到一些技术性的、复杂的、丰富的研究成果，那它可能并不适合你。但如果你想要对自我探索与反思有更多的了解，这本书将对你很有用。

自我同情最大的障碍之一就是我们与父母的关系。我希望这本书能为你带来解决童年冲突的能力，能够帮助你与家人和其他人好好相处。

爱你们的陈永康（Yong Kang Chan）

2018 年于新加坡

引子 Introduction

我五岁就开始离家出走，但直到长大成人我才终于意识到，我真正想要的是在离家出走时有人来找我。

——威利·埃姆斯（Willie Aames）

曾经有那么一段时间，住在家里让我觉得无法忍受。我特别想离开家，找个可以避开父母的地方，即使我必须租个房间与陌生人住在一起。

但我很快意识到，这种做法给自己造成了不必要的压力。为了负担房租，我必须快速赚钱，而我又没法赚那么快，结果在这一过程中，我做出了一些轻率的职业决定。这也让我感到原本喜欢做的事情变得不那么有趣了。

我的父母并不是“坏”父母，我只是希望他们能给我多一点理解和支持，少一点挑剔和控制。我希望他们能接受真实的我，给我充分的自由去做自己，尤其在职业选择方面。

我放弃了在新加坡的会计工作，前往马来西亚从事动画行业，这对我们的关系造成了一定的影响。即使到现在，他们也不理解为什么我要放弃一份稳定的会计工作，去追求像动画这样的“爱好”。当这份动画行业的工作没能像我期望的那样发展时，回家对我来说会十分艰难，也很丢脸。我脑海中不断听到父母的声音在重复：“我们早就告诉过你会这样。”

甚至当我开始一边做家教，一边在早晨写作时，父母仍然会时不时地唠叨我：

☆ 你根本不懂得如何规划未来。

☆ 写作又不能赚钱。

☆ 要是你没辞职，说不定现在已经当上了经理，买车、买房。

☆ 自由职业者没有 CPF（新加坡的中央公积金，包含退休基金等）。

我不想生父母的气，但他们的这些话让我感到很受伤。我不想让他们认为我有什么问题，比如为什么我不能像其他人一样，为什么我依然住在家里而不去工作。有时候，即使他们不是在说我，我也会感到恼火。我哥哥也在家工作，他是一名插画师，每次我听到父母对他的做法发表负面评价，或是指责他影响了我做出辞职的决定，我的内心总有个声音在尖叫："我不是因为他的影响才当作家的，这是我自己的决定！"

为什么他们不能让我做自己？

为什么他们就是不明白呢？

为什么他们不支持、不认可我的职业选择呢？

越是想到这些，我就越不想和他们待在一起。

当我们还是孩子的时候，我们相信长大后就会有能力、有自由为自己做选择，做我们想做的任何事情。但成年后，我们当中有多少人仍然让父母的意见影响我们的决定，影响我们的感受？有多少人还在扮演孩子的角色？

你可以离开父母，但这并不能解决你的问题。

我以为躲开我的父母、远离他们，我就可以拥有自由，过上平静的生活，但我错了。我在马来西亚做了六个月的动画师，那段时间里我意识到，无论离他们多远，我的内心总还是有一部分像五岁的孩子一样渴望得到他们的认可，还是有一部分在怨恨他们不支持我。我希望他们能支持我、理解我，能够与我共情。

然而，我最终意识到，这不过是个幻想，永远也不可能发生。这让我不再陷于渴望与失望的无限循环。我开始明白，我不能指望他们给予我肯定和认可。为了改善我与父母的关系，我需要改变自己，给予自己许可和认可，去做我想做的事情。如果我的父母不能以我所期望的方式爱我，那么我就得学会爱自己。

当我成为一个“真正”的成年人，不再寻求父母的认可，我也不再对他们能为我做的事情抱以不切实际的期望。我不再试图强迫他们接受我的职业选择，也不再需要解释为什么我要写书、要做家教。我只需要做让自己开心的事情就好了。而当他们看到我坚定的职业选择，知道他们做什么都无法改变我的决定时，也就不再谈论我的职业、不再试图说服我了。

一旦我接受了父母不可能认可我的职业选择这件事，我们的关系反而变得和谐了。以前，正是由于我抗拒他们的不接受，造成了我的痛苦。现在，我解决了自己的问题，就变得很乐意与父母待在一起，也不再有逃离他们的欲望。

关于本书

About this book

我在十七岁时读到了第一本心理自助书籍。现在，我已经不记得这本书的名字了，却还记得其中一个练习：想象年轻时的自己坐在你面前，而他正面临一个问题。你要根据自己多年来积累的经验，鼓励这个年轻人，并给他一些建议。当你将现在的自己与年轻时的自己分离开，年轻的自己将更容易分享内心的恐惧和欲望，并想出解决办法。这个练习可以帮助你解决一些从小就存在的问题。

这本《自我养育》也分享了一些类似的概念，但我们关注的将不只是年轻的自己，而主要是心灵的两个方面：内心的孩子和内心的父母。在这本书中，我们将探讨如何调和这两个角色，让它们和谐共处。这个概念有点类似于“内在家庭系统”（Internal Family Systems，IFS）疗法，它包含三个组成部分：流放者、管理者和消防员。但我并不是个受过训练的治疗师，在书中也不会使用 IFS 框架。如果你对此感兴趣，我推荐你阅读杰伊·厄雷（Jay Earley）的《IFS 自我疗愈法：呵护内在小孩的整合之旅》（*Self-Therapy: A Step-By-Step Guide to Creating Wholeness and Healing Your Inner Child Using IFS, A New, Cutting-Edge Psychotherapy*）。

我在书中分享的信息，都是基于自己的直觉和我所运用过的方法，你可以根据自己的情况对其进行任意调整。

最重要的是，这本书带来了正念。要是不做正念的练习，不能意识到我们并不只是我们的思想而已，我们就会被自己的情绪左右，陷入过去的回忆。对我来说，正念意味着专注于当下，意识到并且关注自己的思想、情绪和身体感受。正念可以在任何地方练习，即使吃饭的时候。正念是一种任何人都可以通过练习达到的心理状态。

我们也可以把正念理解为冥想的一种形式，它并不需要坐在瑜伽垫上双腿交叉，重复某句特定的“咒语”才能进行。不过，我每天早上确实会坐下来，以一种更正式的方式进行冥想。

这本书适合任何一个在童年受到过创伤，或是不曾得到满足的人。如果你渴望得到父母的爱，或对他们感到麻木，这本书可以帮助你找到内心的平静。

你可以学着成为自己需要的那个爱你、支持你的父母。

不管你的父母是否还在世，如果他们过去有未能为你做到的事情，你都可以学着自己去做。

在本书的第一部分，你将会明白亲子关系不仅仅是外在的，它还包括了内心的孩子和内心的父母之间的关系。我们还将探讨我们自身的这两个方面为什么无法达到平衡，以及这将对我们造成怎样的影响。在本书的第二部分，我们将着重探讨内心的父母，帮助其成长，成为我们内心的孩子的更好的父母。最后，我们将帮助内心的孩子发现和治愈深层的情绪痛苦。

前面说过，我是一名家庭教师，因此在与学生和家长的互动中分享了许多我的见解。我为书中提到的人物取了化名，以保护他们的隐私。

现在，让我们从理解父母与孩子之间复杂的关系开始，同时也去理解这种关系是如何在我们的内心中继续存在的。

目录

Contents

第一部分

理解亲子关系

我们内心的孩子会储存
我们记忆中和情感上的痛苦，
就像一个真正的孩子那样。

第一章

每个人心中都有内心的孩子与内心的父母

> 每个成年人的心中都有一个曾经的孩子，而每个孩子的心中都有一个将来的成年人。
>
> ——约翰·康诺利（John Connolly）
>
> 《迷失之书》（*The Book of Lost*）

很多时候，当直觉向我传达一些重要的信息时，我会选择不予理会。2017 年年底，我回到了之前的公司，承担一位因身体原因暂离岗位的同事的工作，但我对这件事的感受十分矛盾。

起初我想要拒绝这个工作机会。当我的经理在电话中向我介绍这项工作的内容时，直觉告诉我“不行”。我从来没有真正喜欢过做会计，一想到要再次去做这类工作，我就毫无动力。最重要的是，我知道回到之前的状态会破坏迄今为止我与父母之间达成的和解状态。我做一名自由职业的家庭教师已经两年了，在过去的几个月里，我的父母终于不再谈论我的职业发展问题。若是接受这份我之前领域的兼职工作，只会提醒他们：我没有做一份稳定的全职工作，挣的钱也没有他们想得那么多。我的父母是不是又会开始对我唠叨呢？还是不要了吧，谢天谢地！

可是，在公司财务总监的劝说下，我妥协了。何况，我内心也有个声音想要对此点头。过去一年我的工作量并不饱和，而这份工作带来的额外收入能够帮助我支付一部分未来所需的费用。除此之外，我和以前的同事关系也很好，因此，出于好意我也觉得有义务帮助他们。我还认为任何生病的人都应该得到休息，他们在休假期间需要不受打扰地休养。正因如此，我对他人的同情使我欠缺说“不”的能力，这一问题最终还是会给我带来麻烦，比如我同意了一些以后会后悔的事。

如我所料，回到原来的工作岗位还不到两周，父母就再次唠叨起我的职业发展问题。一开始，我很烦我的父亲，因为他会在我根本没有迟到的情况下不停地催我去上班。我之所以要求下午去上班，一方面是为了写作，另一方面就是因为不想让他早上送我去上班。我想如果他不用开车送我去上班，就没有机会催我了。但很显然，我错了。他的监督本能如此强大，强大到尽管他并不知道我的上班时间是几点，他也觉得有必要让我早点离开家。幸运的是，当我强调自己是准时的，告诉他我在工作中也感觉到压力很大，而他不断地提醒对我毫无帮助，他也就不再唠叨了。

我的同事在把工作移交给我之后就去休病假了，我开始感受到压力。大部分时候，包括周末，我早晨睁眼后想到的第一件事就是手头的事情要在什么时候做完。尽管我每天只需要工作四小时，这份工作却占据了我一整天的全部精神空间。我无法停止思考自己下一步要做的任务以及如何去做。这太糟糕了，有一天吃午饭的时候，我的手就不受控制地颤抖起来。

因为焦虑，我很难集中精力工作。更糟糕的是，当我工作的时候，我的大脑无法停止抱怨。每当有更多的任务要做时，我的大脑就会开始上纲上线：“这工作烂透了，你就不该答应回来帮忙。这点钱根本不值得你花这些时间和精力，你本可以待在家里写你的下一本书。”幸运的是，尽管内心确实不断涌起愤怒和怨恨，但我还可以通过正念练习让自己迅速冷静下来。

我们与父母的关系继续存在于我们的内心。

一天早晨，在进行我的每日冥想时，我开始流泪。这不是因为压力，也不是自怜，而是因为我意识到了内心深处那个渴望被人听到的小声音，那个我小时候经常会听到的声音。

在成长过程中，我常常感到被家人和同龄人忽视。我说话轻声细语，又爱胡思乱想，有时候别人听不到我说话，或者无法理解我想说的是什么。我也很难得到别人的注意，因为其他人说得更多，他们的声音比我的更大。

有那么一段时间，尤其是在中学的时候，我很难交到朋友，和同学也相处得不太好。我告诉爸爸我想转学。可是他并没有听我解释，而是告诉我，我的哥哥也在这所学校，他的表现就很好，还问我为什么不能和他一样。当时，我渴望爸爸能够对我表达更多的同情，但他没有。由此我意识到我必须自己承受一切，解决自己的问题。

我还养成了取悦他人的习惯，就像我妈妈那样。很多时候，这是以牺牲自己的需求为代价的。为了避免冲突，我常常会对那些自己并不想同意的事情点头。这让我想起十一岁的时候，我注意到班长在一次考试中作弊，觉得这对其他学生不公平，所以写了一封信打算送到老师手上。可当我把这件事情告诉妈妈后，她却让我不要惹是生非，破坏和班长的关系。在我还是个孩子的时候，就被教导要同情他人，同时也要随和温顺，不制造冲突。但可悲的是，这让我在成长过程中把其他人的需求看得比自己的更重要。现在，作为一个成年人，我发现很难坚持自己，也很难让自己的需求得到满足。

在那次冥想中，我第一次看到了自己内心的孩子，并与之产生了共鸣。我一直忽视他的存在，没有去注意他想说什么。当我的直觉告诉我“不要”，我本可以花些时间去理解这种感受，并找出原因。但恰恰相反，我总会习惯性地选择顺从别人，而不是考虑自己内心深处的感受。每当遇到麻烦时，我总会告诉自己，我再也不会做这样的事了，可我还是会一次又一次犯下同样的错误——没有听从内心的孩子给我传递的信息。

现在我明白了，尽管我与父母的性格非常不同，但我对待自己内心的孩子的方式与父母对待我的方式没有什么不同。我从父母那里接受了一些信念和习惯而不自知，就好像他们继续生活在我的身体里。

内心的孩子与内心的父母

在我的第四本书《怀疑的习惯》(*The Disbelief Habit*)中,我写过关于每个人头脑中不同声音的内容。这在心理学中被称为"潜隐人格"(subpersonalities)。我们的大脑被分成了不同的部分,每个部分都有其不同的存在意义,旨在帮助我们应对不同的情况。在那本书中,我主要探讨了内心批评的声音,也就是"内心的批评家"。而在本书中,我将介绍另外两种潜隐人格:内心的孩子和内心的父母。

在开始阅读这本书之前,请你记住,你可以用任何自己喜欢的名字来称呼这两种潜隐人格。我会把自己内心的孩子叫作“我的小男孩”。这本书中称呼这些潜隐人格的名字也是随意取的。人的大脑很复杂，你不可能定义大脑所创造的所有潜隐人格。即使你想要这样做，这也是个不可能完成的任务，因为有时这些不同部分之间并没有明确的界限，有些潜隐人格可能会与其他人格重合。例如，你“内心的批评家”也可能就是你“内心的父母”，如果批评就是你对待内心的孩子的方式的话。我选择“父母”这个词是因为它是中性的，每个人都能理解它，它描述的并不是某种特定类型的父母。

所有的潜隐人格在本质上都只是大脑的一部分，我们将它们标记为不同的部分，只是为了方便说明，为了向你展示大脑是如何工作的，帮助你更好地意识到它对你的影响。

内心的孩子

很多人都知道自己有个“内心的批评家”，却并没有意识到自己还有个“内心的孩子”。如果你知道自己内心有个批评家，他不停地批评你，这让你觉得受到了伤害，那么这个受到批评并且感到痛苦的是哪部分的你呢？这个潜隐人格其实就是你内心的孩子。

我们内心的孩子会储存我们记忆中和情感上的痛苦，就像一个真正的孩子那样。

大多数人只能回忆起童年时期的一些重要事件，长大成年了，那个内心的孩子往往就被抛在一边。然而，无论我们自己是否意识到，从童年时就一直背负的未解决的伤害仍然存在于我们的记忆和身体中。

想想最近一次有人对你说了一些话，从而激起你的情绪反应的时候吧，你可能感到难过或生气，也可能在身体上有一些不舒服的感觉。问问你自己：为什么我如此确定他们是对的？如果你的理智告诉你对方是错的，为什么你还会对此有这些反应呢？这是因为你内心的一部分（内心的孩子）相信别人是对的。我们头脑中关于自己的认知是从小逐渐形成的，而成年后，我们无法忘怀这些感觉。

作为一个成年人，你可能知道这些批评不是正确的，但从内心的孩子的角度来看，他仍然相信它们是正确的。问问你自己：当你还是个孩子的时候，你最亲近的家人说你懒惰、愚蠢或一无是处时，你是什么感觉？当你的父母忙于工作，没有给予你想要的关注时，你是什么感觉？

当我们还是孩子的时候，我们不明白父母为什么那样对待我们，只是一味地承受了他们的指责。如果没有人帮助我们处理自己的情绪，我们就无法学会如何管理或应对我们的羞耻、愤怒和恐惧。于是，我们忘却了自己在孩童时期曾经受过的伤害，把这些未解决的情绪带进了成年期。

如果你现在很难意识到自己内心的孩子，没关系。在读这本书的过程中，你会变得更好。

内心的父母

一行禅师（Thich Nhat Hanh）曾经说："仔细看你的手掌，你便能看到自己的父母和祖辈。他们现在都还活着，全都存在于你的身体中。你是这些人的延续。"

内心的父母是一种很像我们父母的潜隐人格。你可能已经意识到，你的很多自言自语，无论是赞扬还是批评，都不过是在重复你的父亲或母亲的声音，或者兼而有之。你内心的孩子背负了你的童年创伤，内心的父母则储存了关于你该做什么或不该做什么的规则。内心的父母的作用是保护和养育你内心的孩子，即使你在现实生活中还没有做父母，你也有内心的父母。因为从很小的时候起，我们就从父母那里以直接或间接的方式学会了如何保护自己免受危险和伤害，如何管理自己，如何在世界中自处，学会辨别哪些人、哪些情况对我们的成长或发展是好的。

父母就是我们的榜样，我们从他们那里学习如何做父母。

如果你的父母懂得自爱，并且帮助你应对了童年时遇到的挑战，那么很可能你已经学会了如何照顾自己。然而，如果你的父母不懂得爱他们自己，或者当你面对艰难挑战时没能在你身边，长大后的你可能就不知道该如何保护自己，因为没有人为你树立积极的行为榜样。

这在有虐待情况的家庭中很常见。通常情况下，父母中有一方会施虐，而另一方则不会采取任何措施来阻止虐待发生。在心理学中，这样的父母被称为“使能者”，他们任由施虐的一方继续施虐，而不阻止。在这样的环境中长大的孩子，要从谁那里学到如何保护自己呢？施虐者吗？那个随意将自己的怒火发泄到别人身上的人？还是他们的“使能者”，那个总会任由虐待行为发生的人呢？

当我们的父母只懂得讨好别人，却无法满足自己的需求时，我们也随之学会了忽视自己的需求。因为，没有人教导我们要捍卫自己的权利，在需要帮助时寻求帮助。

我们从父母那里寻求指引，但有时他们教给我们的东西并不是有益的，而是祖先们代代相传下来的规则和习俗罢了。例如，当父母告诉孩子不要哭、不要生气时，他们并没有承认孩子的感受，也并没有教会他们如何管理自己的情绪。所以，许多人学会了通过压抑或否认自己的情感和内心的童真来保护自己，但这只会造成内心的孩子与内心的父母之间更多的冲突，甚至还有可能导致健康问题。

让两种潜隐人格和谐相处

调和内心的孩子和内心的父母之间的关系，并不是要改变内心的孩子来适应内心的父母的规则和观念——我们大多数人已经太擅长做这样的事了。

我们大多数人都有内心的父母，但他们没有对内心的孩子的需求给予恰当的关照，而是更关注自我的需求，比如取悦他人以获得被需要的感觉，或获得成功和获取他人的认可。这能让内心的父母开心一小段时间，但不会持续太久。无论你取得了多大的成就，总有一种得不到满足的感觉，因为内心的孩子的需求没有得到满足。

父母与孩子之间的关系是复杂的。我们中的一些人可能会对父母有一点怨恨，可能会因为他们的控制欲和挑剔而沮丧。然而，我们同时还会为有这些感觉而感到有点内疚，因为是父母抚养我们长大的，我们爱他们。对父母感情复杂是很正常的。

这种复杂性也同样存在于你内心的孩子和内心的父母之间的关系。对那些无法确定内心的孩子所需的人来说，我们最终会将这种怨恨指向内心的父母，而这又会导致自我责备。内心的孩子会因为被迫做一些他不想做或认为做不到的事而感到愤怒和紧张。他会责怪内心的父母忽视自己的情绪，屈服于他人的需求和社会的期待。

以我自己为例，我内心的孩子不想再做会计了。“他”不喜欢在如此紧迫的期限内完成任务，因为在短时间内处理大量的信息会带来很大的压力。但我内心的父母却不管不顾，甚至没有征求内心的孩子的意见就点头答应了。这一草率决定的结果就是激烈的内心冲突。我内心的孩子不停地抱怨，让我无法好好工作。他认为自己无法在最后期限前完成任务，而内心的父母却觉得他可以。

不过，我并不是想说内心的孩子永远都是对的，你必须按照他所要求的去做。

没有哪一种潜隐人格是绝对正确的。

内心的孩子可能只顾自己的欲望而行事莽撞，但你必须承认他的感受。在做出决定之前，你必须听取双方的意见。你内心的孩子与内心的父母都需要被倾听，只有这样你才能平静地生活。为了保持内心平静，调和这两方的不同观点非常有必要。你不能强迫或无视他们中的任何一方，否则这一方就会不悦。这就是你真实的自我、精神的自我、内心爱的源泉所要去做的——同时观察双方的需求，并保持中立。或许我还是会接受那份前公司的兼职邀请，但至少在接受之前，我会停下来，听听内心的孩子的观点，去理解他的感受。

仅仅治愈内心的孩子是不够的，我们内心的父母也必须做出改变。他们需要学会如何正确地保护和养育内在的孩子，照顾他的需求。当我们的内心的父母没有履行责任时，我们内心的孩子就会继续暴露在那些引发伤痛感的事件中，导致我们最终会因为这些感觉而无意识地去行动，就像一个长不大的孩子那样。

第二章

童年经历如何影响你成年后的生活

父母是孩子的终极榜样。他们的每一句话、每一个动作和行为都会对孩子产生影响。没有哪一个人或哪一种外部力量对孩子的影响能比父母更大了。

——鲍勃·吉山（Bob Keeshan）

我很喜欢真人秀节目《幸存者》（*Survivor*），但在第三十季《幸存者：阶级斗争》（*Survivor 30:*

Worlds Apart）中有一集让我看得实在太难受，甚至快要不想再看下去了。

在幸存者拍卖中，威尔·西姆斯二世（Will Sims Ⅱ）花了100美元拍下了一件神秘“拍品”，却发现其内容是他需要退出拍卖，马上被送回营地。但在回到营地时，他发现了一条线索，并据此找到了一个藏着口粮的盒子。他可以选择与其他成员分享这一信息，或者保密。他最终决定与其他人分享食物。

然而，希林·奥斯库伊（Shirin Oskooi）和其他成员怀疑威尔没有把全部食物分享出来，于是开始散布谣言，说威尔藏起了一部分食物。后来，当威尔从别人那里发现其他人在质疑自己的正直时，他非常生气。他开始攻击希林——在散布谣言的三人中当时只有她在营地。

威尔越说越过火，最后开始针对希林进行人身攻击，情况变得紧张起来。他说："没有人会喜欢你，我敢保证现在没有任何人会想你。我们都有自己所爱的亲人在关心着我们，但你没有。你没有家人。你没有灵魂。"

看到这一幕我很难受。没有人应该受到这样的言语攻击。当时希林只是呆坐在那里，任由对方攻击自己。争吵变得激烈的时候她本可以一走了之，但她却一直呆坐不动，直到自己的盟友迈克·霍洛威（Mike Holloway）回到营地，把她带离现场。后来，在部落会议上，希林透露，她的家因为家庭暴力而四分五裂。她的父亲会以威尔那样的方式对她说话，然后打她，而在那些时候没人能救她。

看这一集的时候，人们很容易同情希林。可她早已不再是那个被父亲虐待的孩子，她不再是无助的，明明可以走开。那么她又是为什么会像从前那个受虐待的孩子那样呆坐在那里呢？她为什么不保护自己呢？

因为，我们经常会有和自己童年时一样的表现。

会有这样行为的不只是希林，我也一样。在这一集内容播出半年后，我也遇到了类似的情况。正如我在回忆录《情绪的礼物》（*The Emotional Gift*）一书中说的那样，我碰到了一个路人，他贬低我，告诉我我有多糟糕。尽管他对我的口头攻击没有达到威尔对希林的那个程度，但我当时也只是坐在那里，任由谈话继续进行下去。我甚至没有为自己辩解，也没有走开。我完全呆住了。后来，直到我回到家，回想起这件事，我才对此感到非常厌恶。

我终于明白了为什么威尔和希林之间的那一幕会让我那么痛苦。因为在那样的情境中，我仿佛觉得坐在那里的正是自己。我仿佛也像希林那样，正被威尔痛骂了一顿，却无力对此做出任何反应。

这让我回忆起每一次因为不够爱自己，而没能站起来反抗或远离他人对我的伤害性评论的时刻。

尽管这件事让我和希林都感到难过，但它也让我们意识到，童年的创伤依然伤害着我们，影响着我们的行为。即使已经长大成人，我们有时还是会表现得像个孩子，甚至在绝大多数时候都是这样。我们都有从小习得和养成的习惯与信念，并且我们到现在也仍依赖它们而生活。

可是，并不是所有人都意识到了这一点。有些人已经忘了不愉快的童年记忆，或者认为自己已经长大了，过去的一切也就可以翻篇了。我们相信自己可以完全控制自己的行为，却没有意识到在无意识间，我们的许多行为，依然是由自己童年的经历和创伤决定的。我们内心的孩子依然记得并储存了这些痛苦。而内心的父母抑制了这些痛苦，以保护我们不受伤害。

在这一章中，我们将拓宽我们的认知，揭示童年可能对我们产生的四个共同影响。

你的标准并没有改变

如果把你现在的认知标准与小时候的做一下比较，它们有多大的变化呢？你还在使用同样的认知标准对待周围的事物吗？

那些虐待成性的父母，永远在批判你；控制欲很强的父母，始终在替你做决定。当我们还是孩子的时候，我们太弱小，无法保护自己免受伤害。我们的父母决定了我们的生活将会是怎样，我们除了设法找到一些方式来应对，别无他法。

尽管这些应对方式帮助我们度过了童年，但有些人会在不知不觉中对它们习以为常。这样的人会很难放弃一段不健康的恋爱关系，因为早已习惯了应对这些，也就对别人的错误锻炼出了更大的耐受力。我们甚至可能不知道自己的恋爱关系存在什么问题，为什么会持续不断地变得更糟。和那些不曾有过这种负面童年经历的人相比，我们更有可能停留在一段不良的恋爱关系中，而我们本不该忍耐那么久。

我们内心的父母没有成长。

成年之后，我们长高了，长大了，有能力保护自己不受伤害了，但这并不意味着我们的内心有所改变。很有可能内心的父母依然在用多年前的那套相同标准来引导内心的孩子。我们大多数人都没有更新这个内在的标准，所以和别人的关系就像曾经的我们和父母的关系一样，我们允许内心的孩子反复受到伤害。

以我自己为例，我习惯于维持和平，不与父亲争论。当有人批评我时，我会自动变得顺从。我从来没有想过我可以坚持自己的观点，为自己辩护，或者在别人批评我的时候走开。我内心的父母只是坐在那里，任由别人把我内心的孩子撕碎，仿佛什么都没有发生。这是我内心的父母在生活中培养起来的标准。这样的行为不仅在现实中影响了我和父母的关系，也影响了我和其他人的关系。

你能很好地满足自己的需求吗？你是否发现给予很容易而接受却很难？如果你一直渴望取悦他人，寻求别人的认可，你可以检视一下自己的父母是否也有这样的倾向。你有可能是从他们那里复制了这样的行为标准。

父母会影响你的选择

你有没有想过为什么酒瘾者的父母都是酒瘾者？为什么童年总被忽视的人会被自恋的伴侣所吸引？

作为成年人，我们即使知道有些选择是不好的，却还是会那样去做。如果父母表现出某些强迫性的行为，如酗酒、赌博或暴饮暴食，那么当我们长大成人后，也很可能养成与父母一样的习惯。每个孩子都会从父母处寻求指引，并学习父母应对挑战和情绪的方式。如果在童年时没能学到健康地应对压力、愤怒等不良感觉的方式，可能就会使用与父母相同的应对机制。

童年经历也会影响我们对伴侣的选择，倾向于寻找与父母相似的伴侣。这一方面是由于熟悉感，另一方面则是因为我们会把父母的形象投射到伴侣身上。例如，感觉被父母忽视的孩子常会与冷漠、疏离的伴侣交往，即使身边有很多温暖、愿意付出的其他潜在伴侣，还是会做出这样的选择。我们都希望自己的情感需求能够得到满足，但最终却选择了那些像我们的父母一样，不愿意给予我们所渴望的关注的人。因为我们在潜意识中有种欲望，想要改变伴侣，让他们以我们所希望的方式来爱自己，以满足内心的孩子未被满足的需求和幻想。当我们还是孩子的时候，时常会期望，如果总是忽略我们的父母能够更多地关注我们该有多好。当我们长大后，就会自然而然地把这种幻想投射到伴侣的身上。

你越不想变成你父母的样子，你就越像他们。

有些人会发誓永远也不要让自己变成父母那样。我们想要成为与他们完全相反的样子。然而，我们的决定依然深受他们的行为或不作为的影响。所以，本质上，父母的影响依然是我们建立价值观的起点。

以我自己为例，我不想像父亲那样重视物质，也不想像母亲那样花钱大手大脚。所以在成长过程中，我想要追求我的热爱而不是金钱，花钱也非常小心翼翼。可最终的结果却是我越不关心赚钱，就越担心自己会没有钱。此外我还意识到，自己尽管在花小钱的时候节省，却总在花大钱的地方冲动消费，在不必要的东西上浪费了很多钱。这很讽刺，不是吗？你越是想要拒绝某件事，反而越会被它控制。

当你讨厌父母，或是不喜欢他们身上的某些特质时，实际上是在给他们更多的关注，并将自己的能量导向此处。当某件事占据了你的大脑空间，又怎能不影响你的生活选择呢？

自我摧毁

尚恩是我的一个学生，他毫无学习的动力。与他交谈了几周后，我意识到他的内心存在矛盾。他内心的某个部分（内心的父母）想要学习，想要遵从父母的意愿，但另一部分（内心的孩子）则想要反抗，不想在考试中取得好成绩。他内心的冲突就与他在现实中和父母的冲突一模一样。

尚恩是一个非常活泼的孩子，很有运动天赋，尤其擅长篮球。但他妈妈希望他努力学习，将来找个坐办公室的工作。尚恩没有学习的动力，是因为取得好成绩意味着他最终将成为办公室的职员，而这并不是他想要的。他已经不是第一次有这种感觉了。以前，他在小学的考试中成绩不太好，父母却逼着他考进一个更好的班，尽管他的成绩只能勉强达到分数线。尚恩告诉我，他后悔考得那么好，还说如果能考低一两分，现在就不用面对这么大的压力了。

在他的意识中，他有一切必要的理由来进行自我摧毁。如果考试成绩不好，父母就无法强迫他找一份坐办公室的工作，他将可以做自己想做的事情。这个原因让他选择上课不专心听讲，也不努力学习。

你也许会觉得尚恩这样想很傻，但在我们聊这些之前，他并没有意识到自己内心的一部分正在破坏自己的努力，他只是感觉自己懒得学习，也没有兴趣学习。

大多数人都意识不到自己的自我摧毁行为。

就像我们的父母一样，我们内心的父母知道什么对我们有好处，或认为某些事情对我们有好处。但当内心的孩子的需求没有得到满足或承认，痛苦没有得到及时处理时，他们通常就会暗中破坏我们的努力。因为知道内心的父母不会同意我们的行为，内心的孩子会选择在潜意识层面谨慎地行动，不让内心的父母发现。这正是年幼的孩子在满足欲望时逃避惩罚的方式——他们通常会在父母不注意时去做。

我们偶尔可能会经历一次不寻常的愤怒爆发，自己也会被它吓到。我们可能会爱一个人，而这个人也爱我们，但不知为什么，我们却感觉自己无法对这段关系做出任何承诺。我们拖延、抵抗别人期待我们做的事情，却不理解自己为何如此没有动力。即使是一件我们明知道自己有能力完成的简单任务，也会感到莫名焦虑和恐惧。

如果你的生活中也发生了类似的情况，可能需要检查一下自己内心的孩子是否在暗中破坏你的努力。他可以在你毫无知觉的情况下得到他想要的东西。

自我认知

我在我的第三本书《清空你的杯子》（*Empty Your Cup*）中曾经提到，我们通常首先从父母那里获得自我意识。许多人在成长过程中接受了父母的观念，却没有意识到这是他们的观念，不见得也是我们的。我教小孩子数学，每当我听到他们提及一些对自己的负面评价，我知道一定是他们的父母或身边的人对他们说过同样的话。

例如，我曾经教过一个女孩，她总是以自己很懒为借口来逃避作业。的确，当我和她妈妈交谈时，这位母亲首先提到的就是自己的女儿非常懒，需要额外补课来补充知识。在我的内心深处，我却在想：这个学生之所以懒，是因为她天生懒惰吗？还是因为她妈妈多次告诉她她很懒，以至于她也就觉得自己很懒了呢？这位母亲并没有意识到，当她用这些标签来解释女儿的不听话时，却在不知不觉中助长了女儿的懒惰。

当然，不是所有的孩子都以同样的方式对待批评。批评对孩子的心理影响取决于他们的应对方式。有些孩子选择反击，或者因为他们的问题而责怪别人，而不是感觉自己没有价值。大多数情况下，这取决于孩子对情势的解读。

但不可否认的是，父母对我们的看法会在一定程度上影响我们的自我认知。当你还是个孩子的时候，如果你的父母总是对你重复同样的说法——而你身边也没有其他人能检查这些说法正确与否——你很可能就会接受这些说法。

内心的孩子储存并累积着消极的信念，而这些信念后续会被用作支持自我摧毁的理由。

☆ 我怎么又发脾气了？因为我很软弱。我要让人们知道我很坚强，不是一个容易被打败的人。

☆ 我为什么不能信任我的潜在伴侣？因为任何人一旦了解了我，就不会再爱我了。

☆ 我为什么会拖延？因为我就是个很懒的人。

☆ 我为什么对这个任务感到焦虑？也许我做不到是因为我还不够好！

我们摧毁自己，是因为太过习惯于相信从小养成并相信的错误的自我认知。

即使在成年后，童年依然影响着我们的标准、选择、行为和自我意识。很多人都试图改变周围的环境和人，来适应对世界的看法。为了得到爱和认可，试图改变父母和伴侣。但很多时候，审视自己，从内心出发去修补不健康的亲子关系会更容易、更有效。

第三章

平衡内心的力量

我们不需要魔法来改变世界。我们的内心已经拥有所需要的所有力量。

——J.K. 罗琳（J.K. Rowling）

当我告诉父亲我要去中国台湾后，他对我说：“反正你也不听我的，爱去就去吧！”然后直接挂断了电话。

十年前，我大学毕业后，兴奋地要和朋友们去中国台湾毕业旅行。这将是我第一次出国旅行。在过去的二十四年，我从来没有离开过新加坡，我迫不及待地想要去看看，去体验另一个国家的文化。但我又不敢告诉父亲这件事。在我和朋友一起订机票和住宿之前，我曾试探过他，而他似乎不怎么高兴。

在那之前，我的父母曾经单独出国几次，却从来没有带我和我的兄弟们一起去。我父亲有种莫名其妙的恐惧，他担心整个家庭会死于飞机失事，这样就没有人传宗接代了。他不喜欢乘坐飞机，也很少旅行。

但他肯定会同意的，不是吗？我默默在心中想。我并不是和全家人一起旅行，再说，我的兄弟以前也出国接受过军事训练，所以我相信他不会介意的。

眼见我的朋友们都给他们的父母打了电话，获得了旅行的许可，我也鼓起勇气给父亲打了电话。

我完全没想到他会那么生气，甚至直接挂断了电话。听到他那句“反正你也不听我的，爱去就去吧！”，我的心沉了下去。

处理别人的愤怒通常会让我感到很不舒服，尤其是我父亲的。那天晚上，我向父亲提出了抗议，并问他为什么我的兄弟可以出国，我却不行。他对我说，他们的旅行是必要的，因为那是在履行对国家的义务，而我这却是休闲旅游，是非必要的。

按照他的意思，除非政府或者我的雇主逼我去，否则我下半辈子都不能旅行吗？尽管我是个听话的孩子，但我已经付了机票钱和住宿费，还和朋友约好了一起去，我绝对不可能去退票、退住宿，让朋友们失望。再说，我已经二十四岁了，父母应该允许我自己做决定。

所以，虽然父亲不赞成，但我心里清楚自己必须去中国台湾。

我知道自己必须违抗命令。

在父母眼里，我们总是孩子。

《海底总动员》是我最喜欢的动画电影之一。除了人物有趣、风格幽默，它还让我想起我和父亲之间的关系。故事讲述的是一条叫马林的小丑鱼，他对自己的儿子尼莫有着极强的保护欲。电影一开场就向我们展示了为什么马林对海洋的开放环境感到恐惧。在一次梭鱼袭击中，他失去了妻子和他们的卵。对他来说，海洋是危险的。此外，尼莫有一处鳍断了，游泳游得不好。在这样的情况下，马林常常警告儿子海洋有多危险。上学第一天，尼莫就对父亲充满控制欲的管教方式非常生气，他特意游出去触碰那条船，就是为了让父亲不高兴。后来，他被一名潜水员抓住，送去了一个离家很远的牙医诊所。电影的剩下部分描述的就是马林寻找儿子的旅程。

我之所以能与尼莫产生共鸣，是因为我也有一处“断鳍”和一位对我过度保护的父亲。八岁的时候，我得了癫痫症。父亲背着我去医院，为了方便照顾我，他每晚睡在我病床旁的折叠床上。我知道父母当时有多担心我，但经历了几次癫痫发作和药物治疗后，我痊愈了，并长成了一个健康的孩子。然而，在父母的眼里，我永远是一个弱小的、需要他们保护的孩子。

当我选择不服从父亲，最终去了中国台湾的时候，我并不是出于怨恨才做这样的事情。我们都有需要学习的东西。我必须学会如何坚持自己的意见，而他必须学会如何放手。他不可能永远控制我和兄弟们，尤其现在我们都已经成年了。

自从我迈出了第一步，打开了闸门，父亲就不再那么担心我们出国旅行了。我们有了更多的自由，可以与朋友们，甚至单独去旅行。不过，我们目前还是没有全家人一起出去旅行过。

权力不平衡

无论父母多爱我们，我们之间的权力总是不平衡的，这与其他关系不同——比如朋友之间或恋人之间的关系。在朋友或恋人之间的关系中，双方的地位可以是平等的。而在与父母的关系中，从我们出生的那一刻起，他们的权力和地位就高过我们。我们或许拥有世界上最好的父母，但我们还是要依赖他们，必须听从、服从他们才能生存。即使他们并没有强调自己的优越性，我们也会继续把他们视作权威，几乎在生活的每一个方面都要征求他们的同意。

无论是否有意，大多数父母都会对孩子表现自己的优越感。认为他们比孩子拥有更多的经验和知识，认为自己知道什么对孩子好、什么对孩子不好，所以孩子必须听他们的。没错，父母有责任引导、养育和保护他们的孩子，但当一个成年人教导或约束某人时，就很容易陷入“我知道的比你多”的模式，而不会考虑或是去询问别人的观点和感受。

所有的孩子都会在一定程度上有无力感。

我的学生有时候会告诉我，和父母交谈毫无意义，因为他们永远也不会听。当我们还是孩子的时候，并没有太多机会表达自己的观点和感受，有时即使选择了表达，也会被忽视。父母不能提供我们想要的一切，我们也没有能力靠自己得到想要的东西。除了向父母恳求，赢得他们的支持，无能为力。许多人在童年时的无力感如此强烈，以至于最终连尝试也放弃了。

此外，如果父母认为他们总是对的，过分认同自己作为父母的角色和面对孩子时所拥有的权力，你可能会感到更加无力和被压制。如果父母总会来告诉你该做什么，你也就没有太多自由去做自己真正想做的事。如果你不服从他们，他们可能会生气、会难过，而这会让你感到害怕或内疚。你的成长被扼杀了，特别是当你来到青少年时期，并开始发展自己的个性的时候。

我有个朋友叫赞恩，他原本是个左撇子。但从孩提时代起，他就因此而受到惩罚，被迫使用右手。他小时候还被迫去学画画，这也是他不喜欢做的。因为参加父母为他安排的各种课外艺术学习，他常常觉得很有压力，备受压迫。他母亲是个会计，你猜怎么着？赞恩现在也从事着这个行业。他不喜欢自己的工作，但也不知道自己到底想要什么。从他很小的时候起，他的父母就命令他做这做那，以至于他忘记了自己真正的愿望和个性。

相反，也有一些父母对他们的孩子没有施加太多控制。有些父母没有给予孩子足够的引导，还有些父母自身就很无助，他们的孩子甚至还得照顾他们。即使父母与孩子之间看起来有角色互换，也并不意味着孩子就比父母拥有了更多权力。孩子始终是孩子。照顾父母只是他们获取父母的爱的一种方式。同样的道理也适用于父母不在身边或离异的孩子。他们感到无力得到他们想要的爱和关注，并因没能成功地让父母继续在一起而感到受挫。

内心的孩子从小就积攒下了很多伤害和痛苦。有些孩子等不及想要长大。他们总是认为，长大后他们就终于能够做自己一直想做的事情，掌控自己的生活。一些人认为，如果他们能够听话，能帮上更多忙，或者变得更成功，他们终将能够从父母那里得到自己想要的认可和爱。但他们不知道的是，孩子与父母间的权力不平衡将继续存在，他们的关系将保持不变，成年后也是如此。

为什么改变父母如此困难?

很多人都希望与父母的关系能得到改善，变得更加积极。但我们常常无法实现这个目标，因为父母并不像我们一样对改善关系感兴趣。他们没有意识到有改善关系的必要，因为他们根本不相信这段亲子关系存在问题。

理想情况下，父母应该随着孩子的成长和变化调整他们的教育方式。照顾婴儿和照顾五岁的孩子完全不一样，与青少年打交道和与长大成人的子女打交道也不是一回事。但大多数父母对待成年子女和对待他们小时候的方式并无分别。他们习惯于照顾孩子的需求，对他们下指令。他们从来没有给孩子成为成年人的机会，更不用说对他们平等相待。

大多数父母都无法放下身为父母的角色。

我的母亲有时候依然会告诉我们要做什么，而不是请求我们的帮助。如果她想让我们马上完成某件事，就会不停地对我们唠叨，或者从另一个房间给我们打电话，直到达到她的目的。我的父亲也是一样。他花了很长时间才终于接受他已不能再控制我们，不能让我们按他的方式行事这一事实。

如果你有一个比你年长二三十岁的朋友，他不会告诉你该做什么、不该做什么。当你不听他的建议时，他不会失望。虽然在生活中的确会存在一些个例，但即使如此，你也不是非得服从他们。他们没有命令你的权力，除非他们是你的顶头上司。

但父母和我们之间的关系就不一样了。我们是孩子、他们是父母这两件事都被过度强调了。我们已经从需要依赖他们的个体成长为独立的人，自然会期待与他们的关系能够从“成人 — 孩子向成人 — 成人”转型。现实情况却并非如此，因为父母依然有意无意地希望我们依赖他们。

为人父母，比其他人更了解自己的孩子，这在某种程度上会给人带来一些自豪感。许多父母很难接受他们的孩子已经长大，可以自己做决定了。因为接受这一点可能意味着失去权力、控制力，以及被需要和被依赖所带来的价值感。对那些把孩子视为自己生命延伸的父母来说，他们可能会觉得自己失去了一件最重要的所有物，或者失去了对自己所珍视的一部分的控制。对生病和年老的父母来说，情况就更糟了，因为他们要被迫依赖孩子，而这实在是一件很伤自尊的事情。

大多数父母并不想换种方式来看待我们，比如把我们视作成年人，因为这意味着他们必须做出改变。但事实上他们会不自觉地批评我们，控制我们的所作所为，或者主动给我们提意见，好让我们保持他们所熟悉的状态。我们如果对此做出回应，或为此指责他们，只会助长他们的自我意识，并在无形中强化了他们的控制欲望。同样的道理也适用于那些想要改变父母，或者想让父母看到自己更好一面的人。

对于这样的权力不平衡，我们也负有部分责任，因为我们继续在父母面前扮演着孩子的角色。有些人即使从其他人那里得到了很多肯定，也会继续寻求父母的认可。我还记得当我准备辞掉我的第一份会计工作时，是多么拼命地想要寻求父母的祝福和认可。我习惯了让他们替我做决定，所以当他们不支持我辞职的决定时，我感到不知所措。

或许我们的确长大了，但我们与父母之间的关系并没有多大改变。彼此的角色关系始终维持原样。在他们眼里，我们依然是小时候无法独立生存时的那个样子，依然需要像依赖他们才能生存时那样看待他们。如果你想要改善与父母的关系，那么从自己内心尝试改变要比尝试“搞定”他们容易得多。

从自己的内心开始改变

真实世界中我们与父母之间的权力不平衡，也同样发生在内心。内心的孩子和内心的父母之间的关系就像我们在童年时期与父母的关系一样。内心的父母相信他们完全控制着内心的孩子，能让内心的孩子做任何他们所希望的事；而内心的孩子感到压抑，试图通过各种小把戏来获取控制权。

你是否见过下面这样的场景呢？在超市或者百货商店购物时，一个孩子突然开始哭闹起来。孩子的父母会说："你不跟我走的话，我可就自己走了。"然后就真的作势要走，孩子则哭得更大声，不愿离开原地。

有些情况下，孩子会停止哭闹，跟上父母离开商店；还有些时候，则是父母由于心软而放弃坚持，当然也有可能是被搞烦了，或是认为在公共场合这样很丢人，于是忘记了他们可以控制自己的孩子。发脾气是孩子得到他们想要的东西的一种索取方式。他们知道掌控一切的是父母，自己并没有胜算，但通过拒绝合作，他们能够多少得到一些控制权。这样的控制权之争也会发生在我们的内心。有时候，我们内心的孩子拒绝合作，内心的父母则别无选择，只能屈服。

如果你能在内心做好权力平衡，就也学会了如何与父母相处。

这两种关系之间并没有太大的区别。利用内心两种潜隐人格之间的关系作为练习，能够帮助我们洞察如何在现实生活中与父母相处。虽然要改善一段关系需要双方共同的努力，但当我们治愈了这段关系中的一方，与父母的关系自然也会从中受益。我们会发现自己对他们的行为做出反应的时候少了，对他们、对自己有了更多的同情。

在接下来的两个部分中，大家会学到如何在内心的孩子和内心的父母之间建立起权力的平衡。我们要先降低内心的父母的权力水平，这样内心的孩子才能安全地谈论自己的需求、欲望和痛苦。这会帮助我们将内心的孩子的权力水平提升到与内心的父母对等的程度。

第二部分

培养你内心的父母

自我肯定
比得到别人的肯定更重要，
这个“别人”也包括你的父母。

第四章

内心的父母的责任

父母只能给孩子好的建议，引导他们走上正确的道路，但一个人性格的最终形成掌握在他们自己的手中。

——安妮·弗兰克（Anne Frank）

三年前，我在巴厘岛参加了一个创业者项目。其中一次研讨会上，一位厨师与我们讨论了关于健康的话题。她说妈妈们知道得最多，她们当然知道给孩子最好的食物。我对此并不怎么同意，于是说："我妈妈可不是这样，她总是给我们买垃圾食品和零食。"厨师回答说："你可以为你的家人买健康食品，而不是一定要吃你妈妈买的垃圾食品。"

这句话仿佛一记响亮的耳光打在我的脸上，但她说得对。我意识到自己太过幼稚了。妈妈买零食，并不意味着我就必须吃。即使妈妈叫我吃垃圾食品，我也可以拒绝。我不需要一味地顺从。我为什么要让她决定我应该吃什么，然后又要回过头责备她呢？我是一个成年人了，我需要对自己的健康、生活负责。

当我们把自己生活中的责任交到别人手上时，也是在放弃自己的权力。

承担责任是一个成年人的必修课。孩子们不必为他们的行为负责，因为父母为他们做了大部分决定。他们犯错是可以理解的，因为他们还小，父母应该给予他们引导。可一旦长大成人，我们就要为自己做出的决定负责、为满足自己的需求负责。我们不再等待父母的允许，因为这已不再是他们的责任了，而是我们自己的。从青少年到成年人的转变是一个渐进的过程，以至于有时候我们并不明白作为一个成年人，我们必须承担什么样的责任。

父母可能在过去有过忽视或虐待孩子的行为，可能仍然在用他们的言语和行为继续批评和伤害。把童年的痛苦归咎于他们是很容易的事。但是，作为一个成年人，我们需要照顾好自己，为自己的行为、自己的生活承担全部责任。如果有人给我们毒药，我们可以选择不喝。当我们还是个孩子的时候，可能没有选择，但作为一个成年人，没有人可以再强迫我们。

我们尽管无法改变童年时发生的事，却可以教会内心的父母为了我们内心的孩子变得更好。我们内心的孩子有未被满足的需求，等待着被满足，我们不能把这种责任推给真正的父母，依赖他们去完成。

首先，我们是最了解自己需要什么的人，也是最能了解自己内心的孩子最深处的欲望的人。如果父母在我们还是个孩子的时候就理解我们的需求，并且知道如何满足，他们早就这么做了。我的父母连自己的情绪都无法很好地处理，也就更加无法帮助我实现内心的孩子所渴望的情感联结。所以这一点只有我自己能够做到。去理解自己内心的孩子的不同情绪，以及这些情绪的触发点，是我自己该做的事。如果连我自己都无法为内心的孩子做这些，还有谁可以做到呢?

其次，如果一直依赖父母来满足自己的需求，也就无法让内心的父母成长。我远离父母在马来西亚工作了六个月，这是一次很好的学习经历。在海外工作让我学会了如何更负责任、如何照顾自己。我得自己弄吃的、洗衣服、付电费，自己去做所有一直是父母在承担而我却觉得理所当然的小事。当我与父母在一起时，自然而然地扮演起了孩子的角色，他们则自然而然地扮演起了父母的角色。这让我无法完全体验作为一个成年人应该是什么样子，也无法培养成人所应该具备的技能。

没错，照顾孩子是父母的责任，而有一些父母做得并不好。但我们现在有能力照顾自己了，就必须从父母那里接过这些责任。如果我们不知道如何成为好父母，就需要学习，而不必等到自己的孩子出生再来发展这些技能。我们可以从照顾自己内心的孩子开始，来练习如何成为好父母。

我们内心的父母的首要责任就是去理解内心的孩子需要什么。

理解内心的孩子的需求

孩子的基本需求

如果我们一直忽视自己内心的孩子，将很难知道他们需要些什么。在接下来的章节里，我将分享一些让内心的孩子敞开心扉的方法。

但现在，让我们想想孩子们的基本需求。孩子们的基本需求是相通的。如果你还不够明确，那就想想自己的孩子，他们需要些什么呢？这能让你对自己内心的孩子的需要有一个基本的认识。如果你没有孩子，想象一下有了孩子之后你想要给他什么。如果这对你来说也很困难，那就想想你小时候需要些什么。

以下是我总结的一些孩子们的基本需求：

☆ 他们想要被爱、被重视。

☆ 他们想要被看到、被听到。

☆ 他们想要做自己，希望真实的自己能够被接受。

☆ 他们想要有归属感，想要与他人建立联结。

☆ 他们想要获得安全感。

☆ 他们想要有自由，能够去做自己想做的事，或者至少表达自己想做的事。

内心的孩子也同样有上述这些需求。我们的内心的父母往往也和大部分现实世界中的父母一样，只为孩子提供食物、住所和衣服。是的，这些是保证孩子能活下去的基本生存需求，也是最容易识别和满足的。但当内心的孩子成长到一定程度后，他们不再需要更多的金钱、获得更大的成功。他们不再需要更多的“玩具”，比如豪华汽车或者大房子。这些东西并不能给我们内心的孩子提供更多安全感。他们的生理和安全需要已经得到满足，而这些只会让我们内心的父母的自我意识越发膨胀。

他们非常需要内心的父母给予他们关心与爱。根据马斯洛的需求层级理论，我们在生理需求和安全需求得到满足之后，就会渴望能够满足自己对爱、对归属感和尊重的需求。但有多少次，我们在内心的孩子试图表达痛苦时，却压抑了自己的情绪？有多少次，我们忽略了自己内心的渴望，去追求社会或他人认为对我们有益的东西？

我们认为自己知道什么对内心的孩子是最好的，但通常情况下，其实并不清楚。我们以真正的父母为榜样，是他们的表现教会我们如何成为父母。如果父母知道如何以我们希望被爱的方式来爱我们，那我们就不会在成年后依然有这么不被爱的感觉了。

内心的孩子的特殊需求

除了满足内心的孩子的基本需求，根据童年经历的不同，内心的孩子也会有一些特殊的需求。理解这些具体的需求将有助于内心的父母更好地与内心的孩子产生联结，从而知道该为孩子提供什么。父母这份“工作”不存在一份完美的岗位描述，也没有详尽的指导规范可以遵循。你必须弄清楚自己内心的孩子的具体需求，并相应地决定自己的教育方式。

下面是一些基本的例子：

被遗弃的孩子

这个内心的孩子害怕与他人分离，便总是觉得亲近的人可能会离开他、抛弃他。或许你的父亲或母亲在你小时候离开了你，也可能是一方去世了，或父母离婚了，还可能他们在你童年的大部分时间里都不在家。

这个内心的孩子有依附他人和人际关系的欲望。在结束了一段亲密关系后，他会很快找到另一段关系来填补空白。他需要内心的父母的陪伴，使他感到安全。

被忽视的孩子

这个内心的孩子感觉没有人给予他陪伴。他觉得自己不重要，觉得自己的生活中缺少了某种东西。可能父母在你小时候没有给予你足够的关注，或许他们对你冷淡是出于他们自己的原因。或许他们忙于解决自己的各种问题，没有时间关心你的感受。

从你很小的时候开始，这个内心的孩子就是被忽视的，所以与别人比起来，他常常感觉自己不受重视，他会自卑，觉得自己有缺陷。这时内心的父母需要承认内心的孩子的感受和价值，并给予他更多的关注和鼓励。

被压抑的孩子

这个内心的孩子觉得自己对生活中发生的事情没有发言权，他似乎总是要为满足别人的愿望而活。这通常是因为在你小时候，父母没有给你空间来表达自己的观点和感受。你必须按照他们的要求去做，否则他们就会不高兴或者生气。

这个内心的孩子常会感到自己被迫做违背本身意愿的事情。当你内心的孩子有了没能表达的愤怒，他就会想方设法破坏你的努力。你内心的父母需要真诚地考虑他的观点，而不是马上对其予以否定。这个内心的孩子需要被倾听。

被虐待的孩子

这个内心的孩子有很多复杂的感情，包括对施虐者的恐惧和愤怒。与此同时，他还可能为受到虐待而自责，尤其是当施虐者是身边的人，比如父母。

被虐待的孩子可能会比其他类型内心的孩子更加容易自我贬低。然而，内心的父母常常会压抑住他这些痛苦的情绪。这个内心的孩子很难相信别人，其内心的父母不能让他选择麻木，而需要鼓励他表达自己的情感。内心的父母也需要和内心的孩子重建信任，这样他才能安全地与你分享他的感受。

焦虑的孩子

这个内心的孩子常常觉得不好的事情即将发生，并且不相信自己有能力解决问题。这可能是因为在成长过程中，你的父母可能没有给予你足够的保护，没能让你觉得安全。

这个内心的孩子有着许多恐惧和担忧。你不会允许他去做任何超出常规的事情，因为他不喜欢改变。你内心的父母不应当过度保护这个内心的孩子，而是需要安抚他的焦虑，并鼓励他在需要改变的时候迈出第一步。

内心的父母的两个重要功能

认识到内心的孩子的需求，是去爱他的第一步。在这本书中，我们将探讨内心的父母另外两个至关重要的功能：保护和照顾内心的孩子。

在理想情况下，要让孩子健康成长，家庭中既需要一个保护者，又需要一个照顾者，这样才能很好地帮助其形成人格。不幸的是，理想情况并不常见。即使一个家庭里同时存在保护者和照顾者，通常也会有一方压过另一方。

对大多数人来说，保护者指的是父亲，照顾者指的是母亲，但情况并不永远是这样。有些母亲可能比父亲更像个保护者，也有些父亲比母亲更像个照顾者。这些角色与性别并无直接关系。你是男是女都没有关系。要培养你内心的父母，并爱你内心的孩子，你需要学习如何既当保护者，又当照顾者。这两个角色承担着不同的责任，但同样重要。

我们常常会更倾向于其中的一个角色。例如，一个人可能过度保护自己，却没能好好照顾自己。他们可能会用严厉的言辞和严格的纪律来控制内心的孩子的欲望和行为，防止他们犯错误，确保他们达成内心的父母所希望的目标。他们经常不认同自己内心的孩子的需求和情绪。还有些人可能会过度溺爱内心的孩子，而对他的行为完全不设限，任其放纵。

尽管角色有强弱，但我们也并不是毫无办法。过度保护与过度照顾都会伤害内心的孩子。我们需要弱化更强势一方的功能，也需要培养我们在另一方面缺失的能力。

你内心的父母的角色与你在社会上的角色是不同的。

我们需要注意一件事：不要把内心的父母的角色与你在社会上所扮演的角色搞混了。有些父母会把工作角色带回家，无法将家庭角色和工作角色分开。我有一个学生的父母要求我每周向其报告她孩子的表现，从 1 到 10 打分。这听起来是不是很像在公司里做年度评估？我的父亲在公司里是主管，在家也是。他没有意识到我们不是他的下属，我们不喜欢被他“监工”。

可能在对待别人的时候，你是一个善解人意的

“照顾者”，但你对自己的爱却不及对他人的一半。当我们讨论这些角色时，我们指的是你内心的父母如何对待你内心的孩子。我们讨论的是你内心的家庭，而这与你内心的父母如何与家庭之外的人互动无关。

下面是对这两个角色的简单说明。在后面的两章里，我们将更加深入地讨论每个角色。

保护功能

内心的父母的功能之一就是确保内心的孩子能够感到安全。这可能意味着：你要为内心的孩子提供指导，帮助他建立认识世界的框架；或者，你要帮助他设定界限，并且守住这个界限，好让他不会被其他人伤害；也有可能这种安全感是来自一些非常基本的生存要素，比如稳定的经济来源，拥有足够的食物和其他必需品。任何代表力量的东西，能够让内心的孩子感觉到他们有一个强大的可以依靠的东西，都是保护功能的一部分。

当你内心的父母能够成为内心的孩子的力量支柱时，内心的孩子就不会感到焦虑和恐慌，就能够有勇气去面对他害怕的人和事。

照顾功能

内心的父母的另一个功能是确保内心的孩子感到被爱，有归属感。这意味着给予你内心的孩子支持和理解，对他感同身受，承认他正在面对的困难。有时，内心的父母也会帮助内心的孩子安抚他难以处理的强烈情绪，并帮助他理解该如何处理这些情绪。

来自内心的父母的爱，会让内心的孩子感觉被接受、被理解、被看到和被听到。这能让内心的孩子感到自己是重要的，并且可以安全地表达自己的感受而不被评判。

第五章

保护内心的孩子

我想象不出还有什么是比父亲的保护更让一个孩子渴求的了。

——西格蒙德·弗洛伊德（Sigmund Freud）

曾经有三个孩子住在同一个社区，他们是亚当、贝蒂和卡尔文。他们拥有非常不一样的父母。

亚当的父母往往咄咄逼人，保护过度。他还记得爸爸会把他从马路上拽开，然后开始不停地打他，还尖叫着："我对你说过多少次了？不要在马路附近跑来跑去！你这样做可能会害死你自己！你怎么就是不听呢？为什么你这么爱玩？你是傻的吗？"尽管亚当能够理解爸爸的本意是好的，是为了保护他不受伤害，但这一幕依然给他留下了心理创伤。

亚当和妈妈的关系也没有好到哪里去。她喜欢事无巨细地管他。从亚当很小的时候开始，妈妈就想要参与他做的每一件事。她逐字逐句地检查他的家庭作业，想知道他在学校和谁一起玩，并认为自己可以决定他的职业道路。她担心亚当无法搞定这些事情，担心他可能会结交不该结交的朋友。她一门心思扑在儿子的生活上，无法区分对儿子的爱和自己的控制欲。

贝蒂的父母也很爱护她，但他们用的是一套坚定却温柔的方法。当贝蒂犯错时，她的父母会坐下来帮她搞明白她本可以做得更好。有一次，贝蒂朝马路跑了过去，她爸爸及时拦住了她。但他并没有发泄自己的愤怒和对失去孩子的恐惧，而是蹲下身来，看着她的眼睛，用温柔的语气解释这有多危险。他说："我亲爱的小公主，像你这样突然跑向马路的话，司机可能会来不及刹车，然后把你撞倒。还记得你昨天摔了一跤的事吗？记得那有多疼吗？被车撞可比那样疼多了。你不想受伤的，对吗？所以下次记得要小心，要留意过往车辆，好吗？"

贝蒂的妈妈尽管很关心她的家庭作业，却也足够信任贝蒂会自己做好。她的妈妈只有在发现贝蒂有困难，或者贝蒂主动向她求助的时候才会出手帮忙。她相信，犯错是学习过程的一部分。她鼓励贝蒂犯错，这样她就可以从中学习。贝蒂觉得她有选择自己想做的事情的自由，而与此同时，她也从父母那里得到了足够的指导，来帮助她做出明智的决定。

卡尔文的父母自由奔放，十分随和。他们并不会花太多的时间教儿子做这做那，也不会给他设限。他们相信儿子应该有做自己的自由，他可以做任何自己想做的事情。可是，卡尔文其实希望父母能多关心他，给他一些指导。他的身上有很多伤痕和瘀青，因为父母任由他在房子里跑来跑去，从这件家具上跳到那件家具上。他十几岁的时候，有一次因为光顾着去捡一个掉到路中间的球差点被车撞了，幸好那辆车及时刹车了。在他小的时候从来没有人告诉过他走在马路上要小心，所以他并没有学会要怎样留意过往的汽车。

在其他的孩子看起来，卡尔文似乎很幸运。他的父母允许他看电视看到半夜，也不会在他考试成绩不好的时候责怪他。也正因为如此，卡尔文并没有在学业上花太多功夫，结果他没能选上他想读的课程。卡尔文虽然拥有了很大的自由，却没能得到足够的指导，没能建立起一套认识世界的框架，所以他的生活也就没有什么方向。

你的情况又是怎样的呢？

你内心的父母是如何保护你内心的孩子的？

你是不是过度保护你内心的孩子了？还是对他保护得不够呢？

你内心的父母有没有像内心的批评者一样过度保

护你，不断地批评你的所作所为并控制你的行为呢？还是选择了让你内心的孩子随心所欲，任由他来决定你的行为？

有些时候，这两种情况会同时存在。我们时常在这两个极端中摇摆。当我们觉得自己对内心的孩子惩罚得过于严厉时，就会选择放松，让他在休闲活动中沉迷。紧接着当我们意识到内心的孩子玩得太过头了，内心的父母又会介入，对其实施一些限制。

在这一章中，你将学习如何以一种健康的、平衡的方式来保护你内心的孩子。但首先，让我们来重新定义“保护”这个概念。

重新定义“保护”

“保护”的含义是让其不受伤害，但并非所有的伤害都是有害的。在我们的人生中，并非每一个时刻都是决定命运的。痛苦和冒险有时是我们成长和学习的必要条件。不经历犯错和失败，我们就无法从错误中学习，也无法用新的技能来武装自己。当我们内心的父母对内心的孩子施加了太多的控制，告诉他该做什么、不该做什么，孩子的自由就会受到限制。

如果去保护了那些其实并不需要保护的东西，这就属于过度保护。情绪就是这样的东西。悲伤和愤怒等负面情绪会让人感到不愉快和难以承受，但它们并不会摧毁我们。如果过度保护自己不受情绪影响，会让你内心的父母的照顾工作更加困难。内心的父母的照顾功能就是要承认内心的孩子的感受，如果你完全压抑住了这些情绪，内心的孩子又该如何表达它们呢？

保护你内心的孩子的关键，在于在保护的同时不要让他对此产生依赖。

如果你选择了不带感情的超脱，你就是在把内心的孩子推开，并且回避为他的感受和行为承担责任。而当你对内心的孩子抱以依恋，你就会紧抓不放，并且也会感到痛苦，仿佛你自己也是个受害者。而如果你放下依恋的态度，所做的只是陪伴在他身边，你了解内心的孩子的感受，但并不会为此而迷失自我。你将处在旁观模式，保持警觉，观察整个情况如何发展，看看你内心的孩子如何应对这样的情况，然后再做出相应的反应。

亚当的父母和贝蒂的父母最主要的区别就在于亚当的父母对他的保护是出于自身的恐惧，而贝蒂的父母对她的保护是出于对她的爱。亚当的父母给孩子投射了很多消极的能量，比如愤怒和焦虑，而与之相对地，贝蒂的父母散发的却是积极的能量，比如同情和善良。亚当的父母将自己的身份认同与儿子联系在一起，没有办法区分开来。他们保护亚当，更多的是为了他们自己，是由于他们对现状的不接受，而不是在乎亚当过得好不好。要是亚当被车撞了，让他们在意的是他们的损失和他们将要面对的悲痛。如果他们的儿子在生活中有什么做得不好的地方，他们在别人面前的形象会不好看，可能会给他们带来耻辱。他们对亚当的保护，在一定程度上是为了防止自己的负面情绪被触发。

仔细想一想：当你内心的孩子提出一个关于采取具体行动的想法，或者表达他的感受时，你是不是会迅速拒绝，或者忽略这些？问问你自己下面几个问题：

☆ 你内心的父母有没有将自身的恐惧和观念投射到内心的孩子身上？

☆ 你内心的父母是否担心自己无法处理内心的孩子带来的情绪？

☆ 你内心的父母更在意的是保护自己的形象，还是真诚地想让内心的孩子远离伤害？

精神导师金·恩格（Kim Eng）在一场研讨会上曾经说：我们习惯于隐藏自己，保护自己，这已经成为一种惯性。我们所保护的，实际上是我们的自我认同。或许你认为自己的意图是好的，因为你是在保护内心的孩子，不让他感觉到受伤，但这可能只是让内心的父母很难处理内心的孩子的痛苦罢了。当内心的孩子让你意识到他的痛苦情绪时，你不知道该怎么做，所以你宁愿不去触发他的痛苦情绪。事实上，当你这样做时，内心的父母并不是在保护内心的孩子，他们只是在保护自己而已。

那么，这是不是意味着，我们就应该让内心的孩子受到伤害，完全不对其施加保护呢？当然不是。选择不造成依恋的方式不等同于选择不带感情的超脱。这不意味着你不在乎。当内心的孩子需要你时，你当然要做出回应。我们不能任由内心的孩子暴露其痛苦情绪，却希望他自行解决掉它们。缺乏保护也不是爱。内心的孩子是敏感的、不理性的，因为让他无法承受的情绪都来自过去的经历，以及他看待事物时孩子般的视角。内心的父母需要从承认的角度给他提供指导与支持。内心的父母需要在适当的时候说不，但也要鼓励内心的孩子去尝试他害怕的事情。这样做的时候需要格外留心，不要让自己陷入内心的孩子的痛苦中无法抽离。

为了保护内心的孩子，我们必须在内心的孩子与内心的父母间找到一个平衡点。如果内心的父母拥有过多的权力和控制，内心的孩子会感到窒息；如果内心的父母给予的指引太少，内心的孩子则会肆意妄为，带来严重的破坏。内心的父母必须学会以不同于控制的方式做出回应，以不同于要求的方式做出引导，以不依恋的方式给予支持。尽管这听起来很有挑战性，但对内心的孩子与内心的父母的成长来说，是绝对必要的。

内心的父母该如何保护内心的孩子？

保护意味着引导，建立框架和纪律，而不是完全避免风险和有害情况。

有了适当的引导和一致的认知框架，你内心的孩子就可以安全、自信地悠游在这个世界。相反，如果内心的父母为其消除了所有的风险和障碍，他们将不得不永远这样做下去。这就好比教人学骑自行车，你要鼓励他们，在他们快要跌倒时扶住他们，却不能在他们骑车的时候握得太紧，因为那样他们就永远无法学会独自骑车了，他们将永远离不开你的帮助。

更进一步说，无论你将内心的孩子保护得多好，总还是会有一些你顾及不到的事情触发他的痛苦。一旦发生这种情况，内心的父母的照顾功能就会发挥作用，帮助内心的孩子处理他的情绪。这是在事情没有按计划发展时便会启用的备用方案。所以，我们没有必要过度保护内心的孩子。试图让内心的孩子永远远离伤害，只会为你带来不必要的压力和焦虑。

以下是一些内心的父母可以为保护内心的孩子做的事。

1. 了解你内心的孩子的极限和情绪触发点

每一个人的心理界限各不相同。有些人喜欢更直接、更积极的沟通方式，有些人却可能会认为这样很粗鲁。可能有人会认为讽刺很有趣，而另一个人却可能感到被冒犯。

判断别人或者说某种情境是否越过了你内心的孩子的界限，从而让他感到不舒服，是你内心的父母的职责。我无法告诉你具体要怎么做来保护你内心的孩子。当你与另一个人或者情境互动时，你必须观察自己的感受，以了解自身的界限，并确认究竟是什么触发了你内心的孩子的情绪。你可以通过倾听自己的身体，感受它对某些特定情境的反应来做到这一点。你可能还需要将它与类似的情境进行比较，来准确地把握内心的孩子的界限。

在了解了你内心的孩子的界限和触发点之后，你内心的父母就可以决定该怎么做了。

你内心的父母可以选择保护或鼓励内心的孩子。

例如，如果你受到的批评让你回想起父母对你的批评，内心的父母可以帮助你避开那些很有可能引起这种痛苦的人或情境。而另一种可能性是，内心的父母可以鼓励你直面这种痛苦，而不是被其伤害。他们甚至有可能刻意主动寻找一些类似的情境，来挑战内心的孩子的极限。这两种做法并没有孰优孰劣。有一些情绪上的痛苦对我们而言，在意识层面令人难以承受，面对这种情况时我们最好不要强迫自己，要慢慢处理和接受。但是，不断拓宽你内心的孩子的极限边界，帮助他克服恐惧与羞愧，将会为他的成长提供很大的帮助。

我自己的情况是这样的：我知道每当与父亲分享我的成功时，他都会贬低我，特别是那些与我的创造力有关的成功。所以在他面前，我通常对自己这方面的成功保持低调，不让他过多了解我的工作。如果他认为我的日子过得很平庸，我就任由他这样想好了，因为为此与他争吵毫无必要。这就是我减少来自父亲的批评的办法。我清楚地知道是什么引发了他的批评，所以选择不去触发他的批评，不给他提供弹药。

与此同时，有时我感觉自己内心的孩子害怕被人拒绝。面对这种情况时，我内心的父母鼓励他去冒险。我内心的父母会这样说："去吧，你能做到的。你会没事的。我们会一直陪伴在你身边。”遭人拒绝可能会让我内心的孩子感到不愉快，但我知道克服恐惧能够帮助我成长，对促进人际关系也有好处。因此，尽管在社交场合我可能会紧张，但有时我还是会迫使自己往前走一小步，选择敞开心扉。

没有哪种做法是绝对正确的。我们必须自己留意内心的孩子能处理什么、不能处理什么，并针对每种情况做出合适的反应。

2. 建立外部和内部的边界

内心的父母必须设定边界，建立框架，因为内心的孩子并不知道该如何做这些事。内心的父母在做这些事情的时候，也必须咨询内心的孩子，了解他想要什么，却也不能完全遵从或是屈服于内心的孩子的一切要求。内心的孩子可能还保有一些童年时养成的坏习惯，以及错误的信念和观念。

内心的父母需要提供智慧，帮助内心的孩子对这些坏习惯进行抑制。

如果你曾经被虐待过，你内心的孩子可能会不由自主地被吸引进入让自己再次被虐待的情境中。他想要重温你小时候经受过的痛苦，也有可能还怀有幻想，以为有一天施虐者会做出改变。内心的孩子可能会出于这些原因待在自己熟悉的环境中，却不一定能从中受益。这时候，内心的父母的职责就是识别出这种不健康的习惯，并让内心的孩子远离那些让他受到虐待的环境。你内心的父母必须创造外部的界限，学会向其他人说“不”。让对方知道你的感受和你的立场是内心的父母的责任之一。

孩子们并不懂得该如何驾驭他们生活的世界。他们不懂得规章制度。如果父母不教给孩子必要的规则（例如，过马路要小心汽车、不要碰烧开的水壶等），就有可能造成严重的后果。内心的父母需要评估内心的孩子的需求与外部现实之间的关系，并决定是否需要一个边界。他需要观察外部环境和其他人，并提出问题：这真的很危险吗？还是我自己过于焦虑了？内心的孩子的欲望会伤害我的思想、身体、灵魂或其他人吗？如果某件事真的很危险，或者真的不受其他人欢迎，内心的父母就会介入，阻止内心的孩子。

内心的父母也必须为内心的孩子设定更高的标准。他必须问自己：有什么是我不能妥协的？我要把内心的孩子置于一个对他不友好的环境，让他不得不总是经受虐待、去面对不友好的人吗？通过练习，内心的父母能够更好地确定怎样做才是对内心的孩子最好的。

内心的父母需要平衡内心的孩子的需求和自己作为成年人的需求。

此外，有时候你内心的孩子可能会想要得到即时性的满足。他不光有沉湎于痛苦、从痛苦中解脱等情绪，还会想要快活和欢愉。内心的父母想要的则完全不同。他们想要工作，专注于对成年人来说重要的事情。和上面提到过的矛盾一样，这两者之间没有对错。放松和工作都对人有好处，这完全取决于你所处的情境。

自律与设定好自身内部的边界是非常重要的。这将帮助你控制内心的孩子可能会有的一些冲动、想法、行为和情绪。你肯定不希望自己工作的时候为这些冲动和情绪而分心，被它们拖后腿。尽管承认我们的情绪很重要，但这并不意味着这些情绪的存在总是正确的，不意味着我们真的要把所有的时间都花在处理它们上。有些时候我们可以与内心的孩子“讨论”他的问题，有些时候则不适宜。内心的父母需要区分工作和娱乐的时间，并与内心的孩子在这份时间表上达成一致。

3. 就边界进行清晰的沟通，要和善地与内心的孩子进行对话

更重要的是，内心的父母要告诉内心的孩子为什么有必要设定这样的边界。有些父母认为他们在孩子面前拥有为所欲为的权力，却从不解释他们的意图。这样将会导致孩子完全以自己的方式去理解父母的做法，从而误解了父母的意图。

当你内心的父母想要设立边界时，要确保你内心的孩子对此充分理解。你内心的父母和内心的孩子需要建立起相互的理解，你的内心才能维持平和。如果你内心的父母强迫你内心的孩子服从而不加以解释，也不去理解孩子的感受，内心的孩子就必然会反抗。

训练内心的父母运用和善的语言，而不是批评。

当你向内心的孩子解释你的决定时，你是在让他知道你的意图，同时也是在创造一个机会来澄清任何可能存在的疑问。这与批评不同，你没有把自己的观点强加给内心的孩子。你希望内心的父母与内心的孩子之间能够达到力量的平衡，可一旦你开始批评或使用强迫的手段，这平衡就开始偏向内心的父母一边了，就好像可以由他们来告诉内心的孩子该做什么。这样，内心的父母成了内心的批评者，这可不是我们希望看到的情况。如果你内心的孩子对这个过程产生了抵抗，你必须先调和这些分歧再继续下一步。

有时候，榜样的力量更大。内心的孩子在成长过程中可能没有一个很好的榜样作为学习的对象，而如果内心的父母能够成为内心的孩子的好榜样，他自然会相信内心的父母的处事方式。但这里依然要强调，在你采取任何行动之前，需要先明确自己的意图，并征询内心的孩子对此的感受。

4. 放下控制

当你越是想要去控制内心的孩子的冲动，来自内心的阻力就会越大。有时候，你必须放下控制，因为当你内心的父母试图去控制内心的孩子时，内心的父母同时也会被内心的孩子控制。

这就好像当我们长大了，拥有了自己的身份，那些不能接受自己孩子的改变、不能接受孩子形成自己的身份认同的父母就会十分难过。只有当他们学会放手，并拥抱孩子的变化时，他们才会找到内心的平静，与孩子建立起和谐的关系。

放手并不意味着不再关心。

放手意味着让孩子自己去成长、去学习。有时候，对我们来说，遵循内心的孩子的冲动行事，犯一些错误，再基于此给予必要的指引，可能是更有效的方式。这样，内心的孩子就会知道冲动的行为将会如何导致不好的结果，从而尽量避免再犯同样的错误。这比直接告诉你内心的孩子什么该做什么不该做要更好。人们通常不会接受由别人来告诉自己该做什么。

这也同样适用于内心的父母。如果内心的父母有强烈的愿望去做某件事情，最好就直接去做，看看接下来会怎样。如果结果是犯错，那么内心的父母可以向内心的孩子道歉，我们也可以从中学到宝贵的经验。

最后，正如前面提到的，如果内心的父母在保护功能方面没有做好，那么照顾功能就会出来收拾残局。接下来就让我们来了解一下内心的父母的照顾功能。

第六章

照顾内心的孩子

一切发生的事都是你的财富。让它成为你的财富。即使感觉自己无法承受，也要努力吞下它。让它滋养你，因为它会的。

——谢丽尔·斯特雷德（Cheryl Strayed）
《美丽的小事》（*Tiny Beautiful Things*）

所有的孩子都需要父母无条件的爱。他们需要关注、认可、理解、接受、温暖和关爱。内心的父母也可以以同样的方式照顾内心的孩子。内心的父母的这一功能与其保护功能互为补充。当内心的孩子经历让他无法承受的情绪时，你可以通过表达同情来让他感觉好受一些。当内心的孩子犯错或打破界限时，内心的父母会原谅他。父母不仅要倾听孩子的问题，还要创造一个足够安全的环境，让他敞开心扉，说出自己的感受。照顾功能的重点是要与内心的孩子建立信任。但父母会溺爱孩子吗？

溺爱通常是由于没有建立足够的认知框架和一致性。我见过有些父母会太过轻易地屈服于孩子的要求。孩子要求什么，他们就给予什么，即使明知道从长远来看这对孩子毫无益处。有时候，他们也会试着在孩子身上强加一些限制，却通常执行得并不坚定，也无法一直保持下去。孩子只要做出一番恳求，让其感到内疚，父母通常还是会屈服于孩子的要求。

对孩子进行照顾时要放下你的自我意识，放弃你的“好家长”形象。

过度保护与过度照顾都不是爱的表现。很多时候，父母只是想维持住自己“好家长”的形象而已，他们在意的是满足自己的身份认同，而不是真的为了孩子好。我曾经有一个年幼的学生，每次我让她解答一些数学问题时，她就会对我说一些很负面的话：你是个差老师；你真坏；你好无聊……这种情况下，你会很想屈从于她的要求，陪她玩而不是逼她学习，因为我的自尊心让我想要维持一个良好的形象。但我意识到，她只是想让我感到内疚，这样她就能少做几道数学题了。于是我对她说："就算我是个差老师，我们还是要做题目。"她由于无法控制我而感到很沮丧，最终我只好不再教她，但至少我坚守了自己的底线，忠于自己的责任。我受雇是为了帮助她学习，而不是陪她玩。

如果父母对孩子过度溺爱，孩子就会觉得自己享有特权，仿佛整个世界都围着他转。当我们内心的父母溺爱内心的孩子，我们就会变得过分地以自我为中心。没错，当你内心的孩子出现问题，或是有要求时，内心的父母应该在那里倾听并给予关注，但如果你的全部意识都围绕着内心的孩子，你就会被内心的孩子的情感需求——或者他想要的欢愉——所束缚，没有办法去做其他事，最终你作为成年人的现实生活就将受到影响。

相反，如果你内心的父母没有给予内心的孩子足够的关注、爱和同情，他就将从外部的人或事物那里寻求爱和认可，这样一来，你将永远只能依靠别人来满足你的需求。

自我肯定的重要性

你是否发现自己一直在寻求认可呢？我过去常常从父母那里寻求认可，而一旦我不再这么做了，却发现自己开始下意识地从别处寻求认可。例如，当我问自己的导师一个问题时，我并不是真的很需要他对这个问题做出回答。我其实是在寻求他的肯定和允许，让我可以去做自己想做的事情。

寻求别人的认可意味着你要征询他们的意见，让他们允许你去做某件事，这意味着你想要被他们接受。而一旦你这么做了，你就有可能被拒绝、被批评。如果你的父母总在批评你，那就问问自己：我是不是一直在寻求父母的认可，从而给了他们批评和拒绝我的机会？

哪个孩子不希望被自己的父母认可和接受呢？但不幸的是，并不是所有的父母都支持孩子的选择。作为成年人，不管父母是否认可我们的选择，我们都要为它们负责。当我们还是孩子的时候，离了父母我们就无法生存，不得到他们的认可，我们就有可能失去他们的爱和照顾。但现在我们长大了，情况已经不一样了。

自我肯定比得到别人的肯定更重要，这个“别人”也包括你的父母。

即使父母不认为我们作为成年人可以有自己的选择，又能怎样呢？父母的反对之所以能给我们造成如此之大的情绪负担，是因为我们相信自己依然被他们控制着。事实上，他们无法控制已经成年的子女。如果我们不在乎父母是否认可我们或者我们的选择，那就不要去问他们的意见，特别是父母控制欲很强的话。问他们的意见只是给了他们更多批评我们的机会而已。

不要指望父母会给予我们所希冀的认可和认同。这听起来可能有点令人沮丧，但拥有这样的期待将会导致我们失望。相反，我们要先给予自己肯定。让父母的认可成为一种额外惊喜，而不是我们所执着追寻的东西。

每当我发现自己想要去告诉父母我的选择带来的结果时，我明白这正是我内心的孩子在呼唤某种形式的认可和爱。在这样的时刻，我该做的不是去依赖真正的父母，而是让内心的父母承担起责任去引导内心的同情，并给予我内心的孩子一些关注。

很多时候，我们在自身之外寻找爱，希望别人能给我们想要的爱；但其他人可能无法感受他们自己的爱，所以也无法为我们提供我们所需要的爱。我们必须触及更深的层面，与我们内心的爱产生联结，这样，我们就能给予自己所需要的爱了。在我的《清空你的杯子》一书中，我提到我们内心有无比丰富的爱，我们本身就是爱的源泉。只要与精神上的自我有联结，就能感受到永远存在于自己心中的那份坚定不移的爱。内心的父母需要知道如何在这爱的源泉中获取给养，而不是为了满足内心的孩子去寻求外在的认可。

如何通过倾听来培养内心的孩子的信任

信任非常重要。没有了信任，我们便无法知道自己对事物、对其他人的真实感受。要让内心的孩子显露出真实面目并不容易，尤其是在内心的父母曾经伤害过内心的孩子的情况下。例如，我们内心的父母可能曾经对内心的孩子太过苛刻，或者曾经为阻止内心的孩子表露出情绪而进行了一些自我伤害的行为，比如酗酒或疯狂工作。

我在下面提出了一些建议供参考，它们将鼓励内心的孩子再次相信内心的父母，并更自由地表达他的需求。

1. 放下你作为父母的骄傲

我是一名家庭教师，在这个身份中，我必须小心地避免让骄傲和自负阻碍自己好好倾听学生的心声。我知道的并不总是比我的学生多。学生们可能从他们学校的老师那里学到了更简单的解题方法，我也有可能并不完全了解教学大纲的变化。再说了，有时我也会犯错。所以，一边教学一边学习是我必须做的功课。我们永远也不可能知道的比谁都多。

如果我太过骄傲自大，自认为懂的比学生多，就无法充分倾听他们。大多数父母会自行决定怎样做对孩子最好，而不是征询孩子的意见，问问他想要什么。我的父母就是如此。我的父亲认为贬低孩子会让我们更加脚踏实地，避免狂妄自大。这却不是作为孩子的我真正需要的。我并不指望每天都得到表扬，可我的的确确需要一些肯定来让我知道，我做得很好，我的努力也能够被看到。

关于什么才对内心的孩子更好，每个人都有自己的认知和信念，但这些既有的认知和信念会成为我们了解与理解孩子的阻碍。如果真的想要发现自己内心的孩子的需求，就得要求内心的父母后退一步，以便让内心的孩子有机会表达。

想要踏出这一步，最好的办法就是告诉内心的孩子：我不知道，请你告诉我吧。

2. 抱着开放的心态去倾听

有些孩子在父母和其他人面前的表现非常不同。

为了生存，他们在父母面前伪装成特定的形象。很遗憾，他们的父母永远都没有机会看到自己孩子的真实样子。

我曾经给小孩子做课外辅导，他们在父母面前总是表现出顺从听话的样子，而当父母不在身边时，有些孩子则会展露出完全不同的一面。有一次，我的一个学生说："我讨厌我妈妈！她现在肯定是在自己房间里玩 iPad。可是她从来不让我玩！"

从表面上看，孩子对父母可能是服从的。但这改变不了他心中怨恨他们的事实。你真的想要这样装出来的服从吗？你希望自己内心的孩子也像这样，表面上遵守自己设定的规则，却在背地里偷偷做一些破坏自己的努力的事情吗？

对内心的孩子不要有评判，才能让他对你诚实。

要接近内心的孩子，必须抱有开放的心态，哪怕他们说的话在你听起来很荒谬。放下评判的态度，不要说“成熟点”之类的话——这样是不会有用的。没有关系。当内心的孩子再回到过去，不要评判。问问内心的孩子需要什么，他现在有什么感觉。向他提问，而不是去做陈述。尽管这看上去可能会不够理性，但内心的孩子能为我们提供关于自己习惯性行为的宝贵信息，所以不要忽视他想要说的话。

孩子停止与父母交谈的原因，是父母不重视他们的意见。你内心的孩子想要被你内心的父母接受。如果你想让内心的孩子对你敞开心扉，就必须鼓励孩子表达他的感觉，并尊重这些感觉。开放地倾听和接受，与自己内心的孩子建立良好的关系，他就会分享一切；而如果选择忽视内心的孩子，我们将永远无法发现其真实的感受。

3. 承认错误并道歉

内心的孩子承受着很多痛苦，这些痛苦不仅来自现实中的父母，也来自内心的父母。如果你以前做过任何伤害自己的事，向内心的孩子道个歉吧。即使这痛苦来自你现实中的父母，并不是你自己的错，你也要为没能在场保护内心的孩子或是由于不够强大而没能保护内心的孩子道歉。你也可以为花了这么长时间才能够认识和了解内心的孩子的痛苦而道歉。

内心的孩子在等待一个真诚的、发自内心的道歉。

父母可能永远也不会向孩子道歉，内心的孩子可能永远也无法得到他所渴望的道歉。那么，为什么你自己不主动向内心的孩子道歉呢？不管这道歉来自谁，只要它是真诚的，内心的孩子就会感受到一种解脱。你内心的孩子希望他所承受的苦难被承认。道歉可以缓和孩子长期以来的愤怒情绪，让他变得更加真诚坦白。

此外，当内心的父母犯错时，不要试图去掩盖。去坦白，去承担责任，去道歉。内心的父母并不总是对的，也并不总是比内心的孩子更有价值。我们内心的不同角色都有其各自的作用。平等地对待每一种潜隐人格，内心的孩子自然就会更信任我们。

4. 陪伴你内心的孩子

陪伴内心的孩子是一种体现你对他的爱的方式。内心的孩子需要关注。当内心的孩子想起过去的事情，难以处理某些情绪时，内心的父母需要安慰他，让他平静下来。如果你常常这样做，内心的孩子会觉得与你交流是安全的，还会感受到被爱与被理解。

当你的孩子哭的时候，不要丢下他一个人。
抱起他，表现出你的关心。

相反，如果内心的父母总是太忙，忽略了内心的孩子寻求帮助的信号，最终你内心的孩子将会不再寻求帮助，你也将永远无法发现内心的孩子真正的需要。当内心的孩子停止哭泣时，你可能会认为这很好，因为你终于可以集中精力工作了。然而，你没有意识到的是，你内心的孩子已经麻木了，他是那么无助，甚至已经无法再哭求别人的帮助。一旦到了这个阶段，你就很难再接触到真正的情绪了。当你与内心的孩子断开联结，你会失去很多关于自己习惯性行为的信息，而这些信息十分有价值。

我知道，当你工作的时候，是不会希望被自己的情绪妨碍的。可是，去抚慰你内心的孩子，让他知道你关心他，并不会花去你太多时间。特别是当你处在正念状态下的时候，内心的孩子会很自然地被你的平静所影响。暂时停下来，花点时间倾听吧。如果有必要，你还可以用温和的语气向内心的孩子提问，例如：为什么你会有这种感觉呢？或者，你也可以通过对内心的孩子说“我听到了你想说的，我爱你”来表达你对他的认可。

在我的抑郁症发作期间，我注意到自己的左臂常常突然感到一阵寒冷的刺痛。现在我的抑郁症已经痊愈，但当我感到恐惧或悲伤时，我的左手，尤其是左手拇指，还是会感到这样的寒意。直觉让我用自己的右手握住左手拇指来抚慰它。这样让我感觉好多了，我觉得更舒服，也更加平静。我不确定这种方法是否有个学名，但非常欢迎你尝试我的这种方法。

疼痛是由你的身体去经历的。我们或许不记得童年的创伤，但身体会记得这疼痛和引发它的事件。贝塞尔·范德科尔克（Bessel van der Kolk）的《身体全都记得：治愈创伤中的大脑、心灵和身体》（*The Body Keeps the Score: Brain, Mind, and Body in the Healing of Trauma*）及彼得·莱文（Peter A. Levine）和安·弗雷德里克（Ann Frederick）的《唤醒老虎：治愈创伤》（*Waking The Tiger: Healing Trauma*）都针对这一点进行了详细的讨论。

你无须放任自己在内心的孩子的情绪中迷失，也不必做任何实际的事情来解决问题。当内心的孩子需要依靠的时候，陪在他身边就好了。这对内心的孩子来说已经是意义重大的一步了。

在保护功能和照顾功能中取得平衡

在保护功能和照顾功能之间找到平衡并不是一件容易的事。如果你给内心的孩子设定了过于严格的限制，却没有表现出对他的爱，内心的孩子将不会给予你足够的信任，与你分享他的痛苦情绪。这种情况下，他可能会在潜意识层面破坏你的努力，会不愿与内心的父母合作，或遵循其设定的规则。如果你设定的规则遭遇了抵抗，你可能会发现这比没有规则还要糟糕。

与此同时，如果你毫无底线地溺爱你内心的孩子，而不设定任何界限，你就有可能陷入内心的孩子的思考逻辑。你可能会花上好几天的时间来重温过去的记忆和情绪，而失去了与当下的联结。你可能会被内心的孩子牵着鼻子走，事后又为此而后悔。

正念可以帮助你把保护与照顾这两种元素结合在一起。

要想在保护与照顾之间建立起平衡，你需要对此有一定程度的意识和正念。引入精神自我（观察者）将帮助你意识到这两者之间的不平衡。当你发现自己的规则和界限正遭遇抵抗，就是时候让内心的父母放下对自尊的执念了，这时候你需要花些时间去理解内心的孩子是因为什么而抗拒。而当你意识到内心的孩子给你带来的情绪和过去的痛苦太难处理，则需要扮演陪伴的角色，从孩子表达的故事中抽身。从本质上来说，你的精神自我给予你内在的指引和爱，内心的父母可以依靠它来保护和照顾你内心的孩子。

现在，我们已经让内心的父母掌握了关心爱护内心的孩子的技能，是时候让我们再深入一步，帮助内心的孩子治愈童年的伤痛了。

第三部分

治愈你内心的孩子

改善我们
与父母关系的唯一方法，
就是改变与他们的相处方式。

第七章

揭露童年的痛苦

当我们允许我们最脆弱和最强大的自我被深刻地看见和了解时，我们就培养了爱。

——布琳·布朗（Brené Brown）
《不完美的天赋》（*The Gifts of Imperfection*）

这大概已经是我第 15 次为视频演示彩排了，为什么我仍然情绪激动，甚至还会流泪呢？

2015年9月，在我进行第四章中提到的那个创业者项目时，我们得到了一个任务，我需要为自己的书《无畏的激情》（*Fearless Passion*）拍摄两段视频。其中一段将是书本的预告片，另一段则是书中提到过的一则关于月亮的小寓言。对于第一段视频我没有任何问题，能够快速地想出预告片所需的脚本、故事版和镜头。对第二段视频我却毫无头绪。

这则关于月亮的寓言是我在十年前的一个晚上写的。那时我看着月亮，感到孤独和忧郁。我想要在视频中分享自己是如何开始写这个故事的，以及我在中学时自卑的经历。可一旦谈到我在学校是如何觉得被同学忽视，以及我如何违心地向妈妈保证一切都很好，我就哽咽起来，无法继续。

怎么会这样呢？这些事情早就过去了，距今已有将近二十年，为什么我依然会受到它们的影响呢？难道我还没有放下吗？我应该继续制作这个视频吗？我很担心，但依然认为自己最终可以克服这些情绪。所以我继续排练了下去。

视频正式录制的那一天终于到来了。我当时万分紧张，因为当天来了很多人。正如我所预期的那样，第一段视频的录制过程很顺利，我照本宣科地把事先写好的台词念出来就大功告成了。而观众都留了下来，继续观看我拍摄第二段视频。

我该怎么办？我深吸一口气，开始回想我所记得的事情。刚录到一半，我又忍不住抽泣起来。我比之前排练的时候更加激动了。我自小学以后就没有再像这样在这么多人面前哭过了。我这是怎么了？为什么我就是止不住自己的眼泪呢？我哭得还不够多吗？我越是想要停止，就哭得越厉害。观众被我展露出来的情绪震惊了，不知该如何反应。我们的摄影师——他也是我的朋友——并没有停下来。我边哭边说地继续完成了这段视频的录制。

在拍摄的尾声，我感到很尴尬，但也松了一口气。这本应是个商业视频，最终却成了我的一堂公共心理治疗课程。故事的结局，我从朋友们那里得到了纯粹的爱、支持和同情。他们认为我能够分享我的故事与脆弱，是一件很勇敢很真诚的事情。他们中有些人也与我所分享的东西产生了共情，并告诉我他们过去也曾有过这样的感觉。

现在回想起来，其实我原本有很多其他的话题可以选择。但我想，或许是时候让我揭开自己逃避了这么久的痛苦伤疤了。

被小心保护的伤口

你能回忆起自己童年时大部分的事吗？你的记忆里是否有某些空白的片段，或者你是否有自己不想记住、不想谈论的经历？

被问及童年的时候，人们或者不记得太多，或者只记得那些积极的、快乐的事。是的，我们内心的孩子有快乐、有趣、顽皮的一面。但更多的时候，也牢牢封存了那些受伤的感情和过去的痛苦，只是我们可能已经忘记了，或者无意识地屏蔽了它们。童年时遭受过创伤性事件和虐待的人可能不会记得具体发生了什么。大脑为了保护他们，抑制了这些痛苦的记忆，好让我们能够生活下去。因为要是任由这些情绪浮出水面，他们将无法应对。

我们内心的父母教导内心的孩子不要表达痛苦。

我们内心的父母不希望我们受到伤害。不幸的是，否认和压抑我们的痛苦情绪并不是解决它的最好办法。在保护的过程中，内心的父母也忽视了内心的孩子的情感需要。这让内心的孩子别无选择，最终只能通过微妙的、蓄意破坏的方式来表达自己的痛苦——正如我们在第二章中曾经探讨过的那样；或是通过情绪爆发来处理——正如我在录制视频时发生的情况。

就我而言，尽管我能清楚地记得过去在学校发生的事情，却未曾给自己机会正确地处理这些情绪。我的心态大概是：好吧，那些都是过去的事了，都过去了。我能明白为什么自己在学校感觉到被冷落，能理解为什么小孩子会有这样的行为。但现在，我是成年人了，我没事了。在这样的情况下，我十几岁时所经历的情感，所体会的艰难，从来都没有得到任何承认。换句话说，我没有让自己完完全全地去感受那些一直存在的感受，那些被我内心的孩子保存下来的感受。

我们在小时候并不知道该如何处理自己情感上的创伤，没有立即去治疗那些创伤，而是把它们遮盖了起来。孩子们看到可怕的东西时会遮住眼睛——眼不见心不烦。随着成长，我们内心的父母给我们增加了一层又一层的保护，直到我们的痛苦无迹可寻。

我们内心的孩子已经承受了很多苦难，我们却无法识别这些痛苦。它们深埋在我们的潜意识里，被内心的父母保护得很好。这就像还没处理过一个伤口就把它包扎了起来。我在一层一层地去除这些保护，却没有意识到绷带下的伤口其实还没有愈合。当我快要解开最后一层绷带时，我看到了被自己忽视太久的疼痛。我害怕自己汹涌、强烈的情绪。

我们可以选择忽视我们内心的孩子和他的痛苦，但这并不意味着那些伤口就不存在了，或是就此痊愈了。伤口依然存在，内心的孩子仍在等待我们解除防御，治愈他的创伤。

一层一层地拆掉绷带

有一次，我的作家朋友不确定自己是否为写回忆录做好了情感上的准备，因为她依然为自己的过去感到痛苦，想到时依然会流泪。我的回答是这样的："你永远也无法在情感上为痛苦做好准备，否则那就不叫痛苦了。"

面对痛苦需要勇气，我明白这并不容易。我们的思想让我们觉得自己不够坚强，无法承受痛苦。但是，如果没有接触到痛苦，或者没有流出小时候本应该流下的眼泪，这些情绪就会永远困在身体里，支配我们的行为。此外，我们也不应该把情绪藏在心里，它会导致精神上的疾病或其他慢性疾病。不要低估压抑情绪所带来的影响。

你的痛苦需要被认识、被承认。

痛苦需要被承认，然后被释放。逃避痛苦就等于否认它。如果害怕在与别人分享你的过去时被评头论足，或者这样的分享让你感到不舒服，可以选择不这么做。你也不必一下子面对所有的痛苦。当受伤的人拆掉绷带时，他们会慢慢地、一层一层地拆，并不会一把将绷带都扯掉。有时候还需要医生和护士的帮助。

如果你在很久以后第一次重温自己童年时期的创伤，或者童年曾经历过的非常特别的创伤，那么在独自一人的情况下直接卸下所有防御可能是不明智的。

有一些人可能无法处理隐藏在深处的强烈情绪，这可能是个潜在的危险，对那些没有做过正念练习的人来说更是如此。我们可能需要一个有正念且有同情心的人，比如精神导师或心理治疗师的帮助和指导。

治愈童年的创伤需要时间，也需要逐次渐进地放开。我们如此善于保护自己情感上的伤痛，甚至让自己意识不到它已经到了如此严重的程度。而了解内心的父母所设置的各种保护机制，能够帮助我们一层一层地消除防御，好让自己可以触及自己深藏的痛苦情绪，并释放它们。

内心的父母可能会采取以下四个层次的保护措施来掩盖内心的伤痛。

第一层：否认

什么痛苦？根本就没有这回事。我的童年非常快乐。

否认是最难打开的一层防御。如果一个人甚至都没有意识到自己内心有深藏的痛苦，又该如何释放呢？

否认有很多种形式。如前所述，有一些人压抑了自己的记忆，他们并不记得自己的童年经历和曾经受过的苦难；还有些人或许会记得那些不愉快的经历，但选择性地忽略了它们；还有一类人，他们否认的形式可能是贬低那些痛苦的严重程度，弱化痛苦的强度。在内心深处，我们知道痛苦的存在，但我们选择将它放在一边，假装它并不存在或是无关紧要。

不管出于有意还是无意，否认童年的痛苦可以帮助我们回避过去，不再经受一次那些令人不舒服的情绪。但没能意识到自己的情感创伤并不意味着它们就此消失。如果我们否认自己的痛苦，我们可能会卡在这一阶段很长时间。

用真诚来解除否认。

你有没有遇到过这样的人：他们和你说话的时候明明听起来很生气或者很难过，却要说自己并没有生气或者难过？很多人从小接受的教育让自己相信，表达情绪甚至拥有情绪是不好的。当孩子哭泣的时候，父母们会做什么呢？他们叫孩子不要哭。很少有父母会承认孩子的情绪。我们大多数人在成长过程中都被教育要否认自己的情绪，这使得我们很容易就与自己的情绪失去了联结。

要解除这一层保护，我们必须真诚地对待自己所有的情绪。如果我们对某件事感觉到愤怒，必须承认愤怒的存在。这并不意味着我们必须根据自己的情绪来行事，重要的是你必须承认自己有这样的情绪。

我回到之前公司这件事对我也有一个好处：我变得更加能够意识到并且接受自己的感受。在过去，我会努力应付着脑海中那些喋喋不休的、不快的唠叨，继续做我的工作。但这一次，我能够更加开放地表达自己的感受。我告诉所有人我的工作压力有多大。我不再假装自己很好，也不再坚持扮演那个能做任何事的自己。当我诚实地面对自己的情绪时，我感到一种解脱——不光在别人面前，更是在自己面前。

第二层：愤怒

当我们意识到自己的童年并不如想象中那么愉快时，大多都会对现状或是对父母感到某种程度的愤怒和怨恨。这些情绪与否认类似，是为了保护我们不受伤害。

我们将自己经历的不愉快归咎于他人时，关注点也就不再在自己身上，而是转移到了别人身上。我们通过这种方式将注意力从情感创伤上转移开。

愤怒承载了太多的能量，它很难被忽视。除非你像我一样，从小就习惯了压抑自己的愤怒。对大多数人来说，愤怒比羞愧和恐惧等痛苦情绪要更容易控制。生别人的气比生自己的气容易。有些人宁可与父母疏远，也不愿在他们面前感到卑微和无力。愤怒只是掩盖其他情绪的一种手段。

愤怒的背后是受伤的感情。

我们可以离开父母，怨恨他们让我们的童年过得悲惨，但这并不会让我们感觉更好。尽管在我们不再与父母朝夕相处的情况下，愤怒可能消退，但它仍然很容易被类似于我们童年经历的其他情况所触发。如果你小时候感到被忽视，或总被父母严厉批评，那么当别人忽视你或批评你时，你也会有同样的感受，无论父母是否在身边都是如此。当别人触发了你内心的孩子所保存的痛苦时，这种相同的感受便会浮现。

在每一种愤怒的感觉之下，都有被忽视、羞耻、不被爱、误解和恐惧的存在。我意识到自己对工作的愤怒只是我内心的孩子的一种表达方式——他总是害怕自己不够好，认为自己无法在最后期限前完成工作。他不仅害怕让别人失望，也不想去冒失败的风险。当我能够深入挖掘，了解内心的孩子的感受，并向他表达同情，我感受到的愤怒就会转化为焦虑（这就是我隐藏在愤怒背后的真实感受）。这样，我就能够相应地处理这份恐惧，集中精力工作了。

第三层：怨恨

对那些没能与自己的愤怒产生联结的人来说，他感觉到的可能会是怨恨。怨恨是愤怒的远房亲戚。它们很相似，但怨恨比愤怒要更持久，其中蕴藏的能量则要少于愤怒。如果我们觉得父母对我们不公平，认为我们本应该得到更好的对待，就会怨恨父母。然而，我们并没有直接与他们沟通这样的情绪，而是让这份怨恨在心底溃烂，开始采取消极攻击的态度。即使我们爱着自己的父母，却依然会责怪他们没有在童年时给予我们想要的爱，到现在我们成年后也没有给予我们想要的爱。

这种对父母的怨恨由来已久。有些人可能在孩提时就曾经试图通过改变自己来取悦他们。父母是我们在这个世界上最亲密的人，我们想要与他们有良好的关系，试图满足他们的期望，而这种尝试建立在我们对于怎样能够让他们爱自己的解读上。如果我们相信父母喜欢我们保持安静，我们就会尽量保持安静。如果我们相信只要考试得到好成绩父母就会表扬我们，我们就会努力学习以获得表扬。在内心深处，我们都希望父母为我们感到骄傲，希望得到他们无条件的爱。

可是，有些人会意识到，他们无法取悦自己的父母。父母要么对孩子的期望太高，要么期望孩子去做一些超出能力范围的事情。例如，若你患有多动症却没能及时确诊，可能会有那么一段时间，父母叫你坐下来，安安静静地做作业，而你却躁动不安，无法坐定。这样的情况就可能会在你与父母之间造成很多误解。当你与父母性格完全不同时，也会出现这样的误解：或许你是一个内向的人，喜欢待在家里，父母却希望你更外向，多与其他孩子互动；或许你很善解人意，也很敏感，而你的父母却讨厌情绪表达，希望你能表现得更坚忍些。他们可能希望你成为一个不像你自己的人。

怨恨有助于掩盖我们不被父母接受的感觉。

多数人都不想怨恨自己的父母，但当怨恨不断地使我们的自我意识失效时，它就开始增长。我们无法控制自己不去抱怨或责怪他们过于挑剔、自恋和控制欲强。我们中的一些人可能还会认为父母对待自己的兄弟姐妹、他们的工作或他们自己比对我们更好。

从表面上看，我们会感到失望和难过。我们非常努力地去取悦他们，想要改变他们对我们的看法，却好像都是徒劳。我们在内心深处有着深深的痛苦，因为父母从来没有接受我们，即使我们从很小的时候开始就向他们寻求爱与认可。

第四层：自责

有人选择用愤怒来避免对自身的不好感受，也有些人选择用自责来麻木对父母的愤恨。这些人把愤怒指向了内部，指向了自己，而不是父母。

在成长的过程中，我们会认为父母的行为都是我们自身的原因导致的，或者说我们遭受的不好对待都是咎由自取。例如，有些人为此找到的理由是：他们批评或惩罚都是为了我们好。我们认为自己不够好，才需要被严格管教。或许在施虐的那位家长虐待我们、给我们造成创伤时，另外一位家长没有做任何事来救助我们，而我们会觉得是自己不够好、不够重要，才导致他并未对此采取任何行动。我们甚至可能责怪自己没有做好自我保护，没有逃跑，或是对自己的创伤经历做些什么，尽管那时的我们只是孩子，没有能力保护自己，也没有能力逃离。

有些人可能从小受到的教育是对别人生气是不好的，尤其是对父母，所以会因为对他们生气而感到内疚。于是，便不由自主地开始为他们的行为找理由，帮他们做合理化的辩护，责备起自己。

自责中隐藏了许多我们受伤的感情，但还不止于此。

隐藏在我们的自责之下的，是恐惧和悲伤。当我们还是孩子的时候，我们害怕如果自己不够好，父母就会不再爱我们，会离开我们。或许更伤人的是这样的念头：父母根本就没有爱过我们，也永远不会爱我们。父母本应该爱我们，但他们却经常伤害我们，不管是有意还是无意。失去父母的爱对我们将是毁灭性的打击，所以宁愿将他们没有能力来爱我们这件事归咎到自己身上。

自责是我们消化父母行为的一种更简单的方式，它会将我们的恐惧与悲伤导向错误的方向。一旦知道了父母的行为背后的原因，我们就总有一些办法可想，能够试图去取悦他们。如果我们认为自己不可爱或是不重要，就会认为自己需要做的是通过一些事情让父母爱自己或注意到自己，也就有了一条满足自己需求的途径。

而如果我们不知道父母为何如此对待自己，将一直生活在恐惧和抑郁中。也不可能从父母那里得到爱，想要被爱的梦想破灭了，也没有有效的办法能够满足自己的需求。我们可能会感到绝望和无力。这就是为什么大脑会将我们引导向一些别的想法。至于这样去想是对还是错，已经不重要了。

从本质上来说，我们是在用自责来保护自己，让自己不再感受到孩提时代那些深植于心中的恐惧与悲伤。它仍然是一个保护层，我们也不会止步于此。

痛苦被揭露的过程

当我们揭露自己童年的痛苦时，可能会发现消除这些保护机制是一件很有挑战的事情。大部分人不愿意深入第四层，因为那非常痛苦。如果我们不够正念，不够小心，很可能就会陷入过去，沉沦其中，最终在自责和受害者情绪中迷失自己。或许有人也会面临像我那样的状况，情绪失控、难过崩溃。这就是为什么大多数人会回避第四层。他们宁愿停留在否认、愤怒和怨恨的层面，因为那让人感觉更舒服、更安全。

可是，如果我们能够深入自己的情绪世界，会发现痛苦并不像想象中那么可怕。在黑暗的隧道中行进了很长一段时间后，见到的第一缕阳光会刺痛双眼。

但只要能够克服最初的不适继续前进，我们很快就能找到出口了。

情绪也是一种能量。当我们试着解决自己的这些痛苦时，可能会发现自己身体的某些部分会对此产生强烈的感受。例如，我发现当自己害怕的时候左手会发抖，生气的时候胸腔会收紧。关注到这些身体内部的感觉和紧张感，可以帮助我们减轻痛苦的强度。它还会准确地告诉我们身体的哪个部位需要自我舒缓，这样就可以采取相应的行动去缓解。

几种常见的自我舒缓的方法包括轻拍、抚摩、握紧身体上情绪感受最强烈的部位。想象一下，我们会如何安慰一个哭泣的婴儿呢？我们也可以对自己做同样的事。当这些情绪得到了处理，感觉就会好很多。

当我们不再自责，不再陷于对自我的负面看法，自我同情就会自然而然地产生。当我们处在自责中，要产生自我同情是很难的。而一旦我们意识到那些对自我的负面看法只不过是一种自我保护方式，自我判断并不准确，也就更加容易对自己产生同情。这时候我们会意识到，自己并不是一无是处，只是害怕父母会认为自己一无是处。就像所有其他孩子一样，害怕失去父母的爱，害怕失去与他们的联结。当我们知道了我们所有人在童年时期都经历过某种恐惧和无力感，这不是自己的错，便会对自己有更多的同情。

正念能够帮助你在自己和内心的孩子之间创造一个空间。

要想不让自己陷入恶性循环，以至于在过去的种种戏剧性事件中迷失自我，正念是关键。我们需要充分意识到，自己现在所经历的情绪、眼泪和痛苦都是由过去的记忆带来的。那不是现在的自己。我们不再是内心的那个孩子了，只是在允许他表达和处理他因长期被遗忘和被忽视所产生的情绪。

当我们拥有了正念，流下的泪水就不再是受害者的眼泪、绝望的眼泪，它们是我们因为对内心的孩子的同情而流下的眼泪。我们和内心的孩子之间有了空间。我们可能会为童年时曾经有过那么多负面的经历而感到难过，但也会意识到，我们已不再是过去的那个自己了。

开放和好奇的心态是关键。当我们回顾自己的童年经历时，带着好奇而不是抗拒的态度去审视它们。让自己长久以来压抑着的所有情绪都显露出来吧，并且去观察它们。如果这么多年来自己都没有感受到那些痛苦，可能需要多花一些时间，多做几次尝试来处理这些情绪。如果发现有些事情看起来不太对劲，或是让自己有疑问，这也是一个和父母或兄弟姐妹开诚布公谈清楚的好机会。

第八章

别再互相责备了

你不能一直抱怨父母给你指错了方向。当你长大到可以自己掌舵自己人生的那一天，责任就在你自己身上了。

——J.K. 罗琳（J.K. Rowling）

愤怒、怨恨和自责这三层保护机制之间有什么共同之处？答案是责备。我们把一些困难或错误归咎于别人或自身，以避免感受到内心的孩子的痛苦。

我们的大脑会快速找到一个责备的对象。它为所有发生的事情指定一个原因——它也需要为问题找到原因，好让我们采取相应的行动。问题的原因一旦被确定下来，我们就能决定该如何避免、解决或消除这个问题了。这是我们的基础生存本能。人类总要习惯面对危险和威胁，我们责备别人的频率可能远超我们自己的认知。例如，当我们试图改变自己的父母，对他们冷淡，切断与他们的联系，所有的这些行为对外散发的能量都是在表示：这是他们的错，他们需要做些什么来改变现状。即便我们并没有在口头上责怪他们，却也是间接地用我们的行动对他们表达了责备。

责备并不会带走痛苦，它只会让痛苦维持原样。

责备意味着把我们的注意力从自己的痛苦转移到另一个人身上。我们在责备别人的时候似乎感觉好受些。但事实上，受伤的感觉并没有消失，它只是被隐藏在了我们看不见的地方。

责备所带来的能量是咄咄逼人的、苛求的。在你责备某人的时候，其实就等于是在说：是你让我受苦。都是你的错。我是对的而你是错的。现在就道歉。当一个人责备另一个人，这场互相指责的“游戏”就开始了，要想这场“游戏”结束，就必须有一个人接受责备。对于接受的这个人而言，他的自尊就要受到损害。谁又会愿意这样呢？

责备是没完没了的。骄傲让我们不愿意接受别人的指责并为之道歉。当你责备另一个人时，通常就会触发另一个人的自尊来反驳你，来保护他自己的正面形象认知。如果你攻击了他人身上为他们自己所珍视的正面品质，通常会被视为对他们自我形象的直接威胁。这样一来，他们会很自然地反过来把责任推到你身上，或者把责任推到别人或别的事上。

无休止的指责“游戏”

当你责备父母时

一般来说，父母总是很难接受孩子的责备。毕竟他们花了这么多年、这么多钱将孩子养大成人。孩子的指责会让他们觉得受到了背叛。他们可能认为自己是很好的父母，至少是体面的父母。他们的自尊心不会让他们相信自己会做出伤害孩子的事情。接受这份指责，就等于抹杀了他们在自己心中建立起来的好父母的形象。所以父母很可能不会愿意谈论他们是如何伤害孩子的，也可能会假装一些对孩子来说毁灭性的事件从来没有发生过，因为谈论这些会给他们带来极大的消极情绪，而这可能会让他们无法忍受。

此外，父母也可能会很难理解和接受他们犯了错。如果你的父母对你特别严厉，他们甚至不会认为那些针对你的批评或惩罚是伤人的。如果他们真能这么认为，早就不会这么做了。大多数父母认为指出错误并惩罚你是为你好。有些父母甚至可能根本不会记得他们做了什么，因为和你不同的是，这些事并没有给他们留下多么深刻的印象。

一旦你开始为某事而责备某人，只有你或者另一方可以结束这一切。

当我们责备父母时，实际上是在放弃自己的权利。让他们自己决定是否愿意承担责任，而如果他们不愿意反思，我们将永远不可能得到自己期待的那个道歉。要想解决自己的痛苦，很可能需要自己去结束这互相指责的“游戏”。我们必须去触及自己的愤怒和受伤的感情，并学会放手。如果做不到这一点，我们将不得不放下自己的骄傲，去向父母寻求帮助。

在《沟通的艺术》（*The Art of Communicating*）一书中，一行禅师提出了关于爱的第四个“咒语”：“我在受苦，请帮助我。”这句“咒语”如此简单，却很难执行，因为我们都如此骄傲。一行禅师对此进行了进一步的阐释：“我们想让对方知道，没有他我们也能活得很好。这实际上是一种间接地表达‘我不需要你’的方式。但事实并非如此。当我们痛苦的时候，我们需要他人，只不过我们常常采用与之相反的表达。”

当父母伤害了你，你可以用温和的方式告诉他们，而不是独自忍受或是去责备他们。你可以这样说："我珍惜我们之间的关系，但你的行为伤害了我。我没法不把这当一回事。我需要你的帮助来治愈我的伤痛。我不明白你为什么要这样对我，请你解释一下，帮助我理解。"与指责相比，这样做带给对方的感受是完全不一样的，父母将更有可能以友好的方式回应，消除彼此之间的误解。

当父母责备你时

有时候，挑起这场"指责游戏"的可能是父母中的一方或双方，而我们不知不觉地参与其中。例如，父母可能会因为我们不按他们说的做而责怪我们。在这种情况下，为了防止自己的自尊心受到伤害，很多人会通过指责父母控制欲太强、不理解自己来转移责任。

理想情况下，结束这场“游戏”的最佳人选是发起“游戏”的人。但如果父母没有意识到这一点该怎么办呢？我们能够怎么做？

第一步，放下你对父母可能会有的任何评判，不要参与到“游戏”中去。父母的责备可能会激怒我们、惹恼我们，但他们不是绝对的好人，也不是绝对的坏人，他们的看法也没有绝对的对错。

在一段关系中没有对错，存在的只有不同的观点、信仰和世界观。

对待同一事物，不同的人的感受是不一样的。基于我们自己对现实的感知，我们都是“正确”的。以一场唱歌比赛为例，两位评委看到同一个人的演出后可能会有完全不同的意见，可能一位非常喜欢，另一位却完全不喜欢。他们都是“正确”的，但这是基于他们自己的喜好和他们对好歌的认知，他们的判断都不是绝对的真理。一首歌的演出没有绝对的好与坏，只有从评委自身的角度看起来的好与坏。如果有人赢得了比赛，只是意味着评委这个群体喜欢这个表演胜过其他演出，并不意味着每个人都喜欢这个表演。

大多数情况下，谁对谁错都是很难判断的事情。当父母出于好意责骂你、打你时，他们是对还是错？当父母因为你的某些行为或是不作为而感到受伤时，可能你并不是有意要伤害他们，事实却是你让他们难受了。那么，他们把这些痛苦怪在你的头上又是对的吗?

第二步，不要接受父母的责备。换句话说，不要因为让父母不开心而自责，也不要因此感到内疚和羞愧。这并不意味着你不需要反思自己的行为——你可以试着去理解他们的观点，或者做些什么来缓和眼前的情况。但要知道，你已经尽了当前能尽到的最大努力，父母的快乐也不该由你负责，这是他们自己的责任。

以我的父母为例，他们相信有一份稳定的工作会让我快乐，但就我自身而言，这并不是我想要的生活。尽管他们的意图是好的，但听从他们的建议会让我很不快乐。我可以整天不停地向他们解释我的观点，却没有办法帮他们处理他们的情绪，管理他们对我们的期望并接受现状。

虽然看着他们难受我也很痛苦，但最终，只有他们能帮助自己从这种难受中解脱出来。

我们的自尊要求我们明确地界定谁对谁错，但真实的自我其实并没有这个需求。

明确对错并不能帮助你解决问题。当有人指责你时，不要接受这些责备所带来的侵略性能量，也要避免找另一个人去指责的冲动。一旦你接受了这种能量，又感觉自己是被父母冤枉了，那你就是在让这种侵略性能量在自己的身体扩散。在这种情况下，你心中的愤怒会增长，你会将责备转移到你父母的身上，继续这个“指责游戏”。但如果你不接受这样的指责，侵略性的能量就无法增长，最终将会自行消散。

例如，如果父母责怪你把屋里搞得一团糟，可实际上那并不是你弄的，你可以告诉他们不是你做的，但是依然把房子打扫干净。你不必因为他们对你有错误的看法而怨恨他们。有一天我去上厕所时就遇到了类似的事，清洁工指责我乱扔垃圾，我告诉他不是我扔的，然后捡起垃圾，离开了卫生间。我可以和他争论，然后在接下来的一整天里都对他指责我这件事心怀愤懑，但我没有这么做。我选择不接受他对我的指责和其中蕴含的侵略性能量。我选择不让这件事毁掉我的一整天。

为什么要原谅?

如果双方都停止互相指责，这段关系通常就会走向疏远，不再交流。从表面上看，彼此的态度都已变得冷淡疏离，可那些被伤害的感情却依然没有愈合。

要去原谅，要放下责备的念头，这并不是容易的事——尤其是当父母没有为他们的行为做出解释或道歉的时候。在这种情况下，我们要如何换个角度来看待并原谅他们呢?

在讨论如何原谅这个问题之前，理解原谅的重要性是很重要的。很多人都以为我们原谅别人是为了别人好，其实不然。我们认为对方是有意要伤害我们，而一旦没有追究，就相当于支持了他们的错误行为，让他们逃脱了罪责。我们相信我们的父母都应该确切地知道他们不该这样对待我们，所以他们不值得被原谅。

选择原谅，最大的受益者是自己。

原谅不是为了别人，而是为了自己。有些人可能认为，如果一直愤怒下去，另一方就会受到某种惩罚，但唯一受到惩罚的其实是你自己。如果对方是那种会为自己的行为感到内疚和羞愧的人，他们会对你感到抱歉；而如果他们并不认为是自己的错，那么不管你多么怨恨他们，他们也依然不会对你感到抱歉。

接受别人的道歉往往有助于减轻他们的痛苦，而原谅别人主要是为了让自己得到心灵的平静。对怨愤耿耿于怀和对痛苦耿耿于怀没有区别。这样做并不能撤销父母曾经有过的错误行为，却会让童年的痛苦原封不动地保存。它把我们困在过去，让我们无法活在当下。怨恨别人是一件很累的事。

原谅也并不意味着我们要允许别人一而再，再而三地伤害我们，不意味着我们赞同了他们的行为。我们可以选择远离一个人但并不怨恨。原谅更多地意味着放下过去，放下责备和受伤的感情。

在我们受伤的感觉背后，是对父母的爱。

我们会被父母伤害的原因是，在内心深处我们非常爱他们。从童年时就期盼能从他们那里得到想要的认可和爱，他们却没能给予。如果我们对父母毫不在意，他们的行为自然就不会让我们如此困扰了。我们对他们感到愤怒，正是因为我们总觉得被他们虐待和背叛，把对他们的爱视作理所当然。于是，我们最终疏远了父母，收回了自己的爱。

对大多数人来说，原谅意味着不再对某人感到愤怒或怨恨，它意味着原谅某人的错误和他们对我们所做的事。然而，原谅也是给予的一种形式。当我们原谅了父母，其实也就再一次敞开了心扉，可以毫无保留地去爱他们了。我们并不需要为此做更多的事，只是回到最自然的状态，充满爱的状态。

为什么仅仅为了听到“对不起”这三个字，就要对父母或是其他人隐藏我们的爱呢？

如何原谅父母?

父母可以选择不对自己过去的行为做出反思，但这并不意味着我们不应该这样做。原谅是一种选择。我们不能替他们做选择，但可以为自己做出选择，不再让受伤的感情控制我们的生活。

下面的建议对我们内心的父母也同样适用——我们有可能跟随自己父母的脚步，做了对自己内心的孩子不负责任的事情。以下是我对于如何原谅父母以及内心的父母的建议。

1. 欢迎你的情绪

当你试图原谅你的父母，内心的孩子可能会产生更大的愤怒和怨恨。刚开始这可能会让你很不舒服。你脑海中可能会满是愤怒的声音：“为什么我一定要原谅他们？明明是他们让我这么痛苦！他们是成年人，是为人父母的人，他们应该做得更好才对。”如果你有这样的感觉，一定要提醒你自己，去原谅并不是为了你父母，而是为了你自己。

与其抵抗这些情绪，不如欢迎它们，承认它们的存在。你不必去回应或表达自己的愤怒，但与此同时，也不要压抑自己的愤怒。请记住，这些情绪是你内心的父母为保护你免受潜在痛苦的侵扰而设置的保护层，只有先处理好它们，你才能够更深入地挖掘、更好地理解自己受伤的感情。

善用你的同情心，与你的愤怒同在，抚慰它。你可以这样对内心的孩子说："我就在你身边，我知道你很生气。告诉我你的痛苦，和我分享吧，我就是来听你倾诉的。"你可以向内心的父母保证，你能够处理这些受伤的感觉，就让内心的孩子表达他的痛苦吧，不会有问题。这样可以帮助内心的父母放松控制，让感情能够自然地浮现。

当受伤的感觉出现时，欢迎它，允许它存在。

观察这些受伤的感觉，用心去体会身体感官的感受，直接与身体上有受伤感觉的部位或反应最强烈的部位对话。这就是内心的孩子储存痛苦感情的地方。

问问你内心的孩子以下问题：

- ☆ 你为什么会有这样的感觉？
- ☆ 是什么让你有了这样的感觉？
- ☆ 你在害怕什么？
- ☆ 我能为你做些什么？
- ☆ 我要怎样做，才能让你感到更平静？

最后，邀请你内心的孩子去释放这些受伤的感觉。如果他做不到，那也没关系，没有必要强迫或催促他。这个过程你可能需要重复好几次，才能让内心的孩子的痛苦一点一点消散。每当你感到受伤的时候，要有耐心。这意味着你还有更多内心的问题需要处理，更多情绪需要释放。你能够原谅的那一天终将到来，但首先你需要对自己有同情心。

2. 去理解父母的意图

很久以前，我很好奇我父亲是否有鼓励别人这一技能。他总是指出我们的错误，怀疑我们的成功，有时还相当挑剔，我从来没有得到过他的表扬、认可，也没有听到过他表扬、认可任何人。于是有一天，我让爸爸说出我的三个优点。

“你……很听话。”爸爸犹犹豫豫地回答。我在心底默默地想：好吧，这在我看来可算不上什么优点，但好吧，我接受它。

“那么我的第二个优点是什么呢？”我问。

他想了好一会儿才回答：“听话？”

“你不是刚刚才说过这是我的第一个优点吗？”我笑了起来，家里的其他人也笑了。我没有再追问下去，因为他看起来很不自在。但我还是很好奇为什么对他来说表扬自己的孩子那么困难，所以我问了他这个问题。

“我不希望你们成为太自负的人。”他说。也就是说，他是不希望我们骄傲自大。

我笑了。我第一次明白了爸爸为什么要这样做——不是因为我不够好，也不是因为他不爱我。

父母的行为可能完全是出于好意，只是在执行的时候出了差错。

我们喜欢靠自己的想象去合理化别人的行为——

父母批评我是因为他们不爱我；只有我成功了父母才会爱我；父母在意他们的工作多过在意我……可我们又有几次机会去问问自己的父母，他们为什么要这样做呢?

很多人会去猜测父母的意图，并把这些猜测当作事实，而不去与他们澄清。我们不是去问问他们为什么要这样做，而是根据自己对情况的感知去评判他们、责备他们、误解他们。我们很少敞开心扉去倾听，去给予父母分享他们的观点的机会。我们以为自己比他们更了解他们的意图。

我并不是说父母的行为总是好的。有时他们也会把事情搞砸，就像我的父亲——他从来没有想过，如果他从来不给自己的孩子表扬和肯定，孩子就会觉得自己不值得被爱。他认为一旦得到了他的称赞，我们就会对自己的成功过分骄傲，以至于不再努力。可他这样的做法并没有让我变得更加成功。我根本没有追求成功的动力，因为在整个成长过程中我一直在想：为什么我要这么努力呢？反正都没有用啊！没有人会认可我的成功。

只有父母才能帮助你充分了解他们的意图。但如果他们已经不在你身边了，或者你和他们关系不好，很难沟通交流，这种情况最好的选择就是去和你的兄弟姐妹或其他亲戚谈一谈。即使他们的看法可能也不完全准确，但你至少得到了另一个看待问题的角度，而不至于自己钻牛角尖。不管是针对什么样的事，你和兄弟姐妹都可能有完全不同的理解。

3. 做不可思议的事——与他人共情

与他人共情意味着你能从他人的处境中看到自己。如果你与父母出生在同样的时代和环境，知识水平相同，也可能犯同样的错误。

我们都做过一些让自己后悔的“错事”。无论你的父母多么爱你，他们也不可能是完美的——没有人是完美的。如果我们更清醒，懂得更多，很多过去做过的事都是我们可能不会去做的。不要急于给你的父母贴上“坏”“控制欲强”“爱操纵人”之类的标签，而是要意识到，他们做这些事可能出于无意。多数人意识不到恐惧才是他们做某些事情的动机，也有可能他们也没有意识到自己的童年和过去的经历对自己的影响。

我们不能因为别人没有意识到的错误而责怪他们，他们已经尽力了。

我有一些学生不管怎么努力都答不出数学题。他们的父母认为他们就是太懒，或者不够努力。但事实是，你不能责怪他们做不出题目，因为他们无法理解自己看不到的东西。如果没有人能帮助他们打开另一种思路，他们就会陷入困境，不知道该如何重新想办法。有些学生在数学方面很有天赋，他们能够从不同的角度思考并立即发现规律，而有些人的天赋则体现在另外的领域。当一个人在某一方面缺乏意识和洞察力时，说他不够努力是不公平的。这也是一种能量的浪费。

你完全可以继续怨恨你的父母。但就你所知，你的父母甚至可能都没有意识到他们究竟做错了什么。要是他们有这个意识并完全理解你的看法，他们很可能就会选择完全不同的行为方式了。他们无法以你的视角看问题，因为他们太过专注于自己。他们认为自己作为父母，远远比你知道的更多。这是他们在你小时候、还需要仰赖他们才能生存时养成的惯性思维。

而事实是，他们为人父母的年数等于他们第一个孩子的年龄。他们花在学习如何为人父母上的时间，和我们花在学习如何生活上的时间是一样的。你是否能够看到，当他们第一次为人父母，他们真的对育儿一无所知吗？有些为人父母者甚至都不太了解自己，不知道如何爱自己，更不用说如何爱一个孩子了。即使大多数父母在养育孩子这件事上尽了他们最大的努力，他们也不见得就知道该做什么，或是该怎么做。

作为他们的孩子，你能原谅他们，对他们有耐心吗？当好父母是一个持续的、终身学习的过程。没有人能成为完美的父母，因为要学的东西太多了，你的父母还有很多事情不懂，或是仍在学习的过程中。看起来似乎父母的工作就是教育他们的孩子，然而，这件事反过来也依旧成立——孩子们来到这个世界上是为了教育他们的父母。你的父母也有他们内心的受伤的孩子，但他们自己可能并没有意识到这一点。你的父母所犯的错误是他们成长的机会，挑战现有信仰体系的机会。但要让他们成长和改变，你必须给他们一个这样做的机会。

4. 活在当下

原谅对我们来说很难，是因为我们的大脑喜欢回到过去，回放那些不开心的时刻。我们的自尊倾向于认为每件事都是针对自己的，它不断激活我们储存在身体里的受伤感觉。如果你秉持正念，当这些受伤的感觉出现时，你就能在当下提取它们、释放它们。但如果你不能保持正念，你将会不断提醒自己，父母是怎样伤害了你，并一直怨恨下去。前者是在试图解决储存在你身体里的受伤感觉，后者则是要把你带回过去。

过去已经过去。已经发生的事情已经发生，无法改变。

你无法改变已经发生的事。你不可能改变别人已经对你做过的事，你的父母也无法改变他们过去的行为，即使他们也很希望能够改变。我们所拥有的只有现在，只有当下，而我们所能改变的，只有那些仍然让我们耿耿于怀的受伤的感觉。

无法原谅父母让你只能陷在过去里。好好看看他们现在的样子吧，而不是你过去对他们的印象或评价。你的父母可能已经有所改变。或许他们在过去做得很差，现在却可能已经通过学习有了成长。我们不应该依靠过去的信息来决定现在或预测未来。只有活在当下，你才会感激自己的父母。

此外，你自己也有了改变，小时候的一些认知已经不再必要了。如果你的行为还像童年时那样，则它们也会触发你的父母以同样的方式来对待你。

当你能够做到活在当下，原谅就会自然而然地到来。你不需要提醒自己的父母在过去对你做了什么，也不会因为过去发生的事情而纠结原谅他们究竟是对还是错。基于你现在的自我，而不是过去的自我或过去的经历，你选择原谅他们，并向他们释放你的爱。

第九章

接受你的父母

你能给予他人的最好礼物，就是无条件的爱和接纳。

——布莱恩·崔西（Brian Tracy）

在那趟中国台湾的毕业旅行过去六年之后，我决定去马来西亚做六个月的动画师，我发现这又惹恼了我的父亲。

其实在中国台湾和马来西亚之间，还有两次海外旅行让我父亲很生气。第一次是 2013 年，就在波士顿马拉松爆炸案发生后，我去了美国。我要去一个没有严格枪支管制的国家，这已经让父亲很不高兴了，让他更不高兴的是波士顿刚好是我的目的地之一。

第二次是 2014 年去曼谷。那时泰国发生了政治危机，民众上街抗议，局势严峻。为了安抚我的父亲，我成了一群朋友中唯一一个放弃机票、退出曼谷之行的人。但美国我最终还是去了，因为机票和住宿的预付金额很高。

而我去马来西亚的情况完全不同——我是要去另一个国家工作，而不是度假；并且我要离开六个月，可不是短短的一个星期。为了拿到那个动画工作室的职位，我偷偷地在自己房间通过 Skype[①]完成美术能

① 网络聊天工具——译者注。

力测试和工作面试。这样万一我没被录用，我的父亲就根本不用知道这件事，我可以继续我的日常生活。但我被录用了。知道这个消息后我的感觉喜忧参半，有快乐，有兴奋，还有……恐惧。因为这意味着我必须把这个消息告诉我的父亲，而我认为他会无法接受。

他问："这有什么好处？"天啊！我的父亲听到这消息后说的第一句话竟然是这个。他继续道："你疯了吗？你在新加坡有好好的工作不做，为什么要去马来西亚？那里的汇率可比新加坡差多了。"

我的母亲也插话道："我知道你不想当会计，但新加坡不是也有动画师的职位吗？你为什么一定要去马来西亚？"

我的父亲继续他的演说："通常都是马来西亚人

来新加坡工作，我还从来没听说过新加坡人跑去马来西亚找工作的。”

接下来，他们还花了差不多一小时的时间试图告诉我他们知道什么才是对我最好的。我早料到会是这样，但他们不支持我的决定还是让我很伤心。

永远不要把父母对你的爱当成烦人的东西，即使这种爱没能以你所希望的方式表达。

几天后，在前往马来西亚的大巴车上，我的父母甚至我的阿姨都坐在我身边。如果换作十年前的我，父母陪在身边会让我觉得烦躁和尴尬。但现在我长大了，我不介意他们跟着我，因为这让他们内心平静。现在的我意识到，这只是他们表达爱的方式。

尽管我的父亲对我的职业选择感到愤怒，十分不满意，但我知道，他很担心我。在他看来，马来西亚是个不安全的地方，所以在离开之前他一直提醒我要处处小心。他甚至主动提出要陪我去，因为不放心我独自上路。毕竟他是雄狮，我是他的狮崽，谁也别想伤害他的狮崽。

虽然他有时保护欲、控制欲过强，甚至令人窒息，我却无法对他生气，无论他多么不支持我的事业都是如此。我知道，他对我做的一切归根结底都是出于关心。这就是父母之爱的美好。随着年龄的增长，我也变得对此越来越珍惜。但这并不是一件容易的事，有时候我觉得自己仿佛是他的一件私有财产。

在我成长的过程中，我一度相信父母并不爱我。我认为比起我，他们更加在乎钱和自己的形象。这里面有部分原因在于我是排行中间的孩子，性格也过于随和。我总是被哥哥和弟弟牵着鼻子走，也从来没有得到我想要的关注。这让我觉得自己在成长过程中有些被忽视了，可能对父母并不那么重要。现在我意识到，会有这样的误解，主要是因为我和父母性格不同，也有着不同的爱的语言。

爱有不同的语言

加里·查普曼（Gary Chapman）在他的《爱的五种语言》（*The Five Love Languages*）一书中阐释了不同性格的人如何以不同的方式表达爱。他总结了五种爱的语言，包括肯定的话语、高质量的相处时间、收到礼物、服务行为、身体接触。

这些爱的语言不仅仅适用于恋爱关系，也适用于亲子关系。

许多年前我做了这个测试，发现我首选的爱的语言是高质量的相处时间，排在第二位的是身体接触。小时候我就很希望得到父母的关注，得到情感交流和拥抱。我想要有更多时间和他们在一起，但他们总是在工作，从来也不想谈论与情感有关的话题，或是与我建立更加深入的联结。此外，在亚洲家庭里，父母一般不会常常拥抱他们的孩子，尤其是父亲。

最重要的是，我意识到我的父母所使用的一些爱的语言，恰恰是我在测验中得分很低的项目。我的父亲通过行动表达他的爱。我们的电脑坏了的时候，他会帮我们修理；当我们需要购买什么电子产品或投资什么股票时，他会提供建议。可是当我们有件事做得很不错时，就不可能指望他表扬我们或是拍拍我们的背了。这不是他愿意给予的东西。

我的母亲则会通过赠送和接受礼物来表达爱。很长一段时间我都无法理解，为什么每当母亲收到钱和礼物的时候就会兴奋起来。我在收到别人的礼物时并不能体会到同样的快乐。她不光喜欢收礼物，还喜欢送礼物给别人，有时候她甚至会把我们家原本打算自己吃的菜给送出去。正因为这个，我曾经认为她爱别人胜过爱自己的孩子。她还会给我买一些我并不需要的东西，我们的谈话也常常是围绕着有形的东西，比如钱、食物、衣服、占星术和名人，但永远也不会到达更深的层次。

尽管我的父母很好地照顾了我的生存需求，但在整个成长过程中，我并没有感受到爱，因为我对爱的理解与他们不同。我不知道父亲给我修电脑、母亲给我买东西，就是他们表达爱的方式。小时候的我想跟父母有更深层次的关系。我希望他们能花时间倾听我，理解我的感受。当我在学校遇到困难的时候，我希望他们能陪着我，和我谈谈，而非只是指出我的错误，或是说我原本可以做得更好。

父母可能永远不会以你所希望的方式爱你。

和我父母聊天的时候，有时我会忍不住觉得他们关心自己多过关心我。例如，当我为自己的第一份工作而沮丧，并告诉他们这让我感觉像在自杀时，我母亲的第一反应是责备我:“你为什么这么不体谅别人？你要是死了我们该怎么办？我们花了那么多钱、时间和精力才把你养大，可你居然会想到死？”我关于所谓“自杀”的表达纯粹是一时激动下的随口比喻。我理解他们听到我说这种话时的感受，可我的感觉呢？我的情绪也很重要啊！

我曾经认为父母并不在乎我。大多数时候，我必须安抚他们的情绪，确保他们不会生气或不开心，而我自己的情绪却得不到承认。对我来说，和别人产生情感上和身体上的亲密关系很困难——因为我生命中最亲密的人不想和我有那样的亲密关系。所以，当一个我几乎不认识的人试图成为我最好的朋友，并搂着我的时候，我会感到相当困惑，并且不太舒服。

现在我明白了我的父母表达爱的方式和我不同，也就不再期待他们会以我一直期待的方式来爱我。现在，当我注意到他们用自己的语言来表达爱时，就会提醒自己要感激他们，不要把这份爱视作理所当然。我学会了接受父母原本的样子。

如何接受父母原本的样子

当我们和父母有着不同的爱的语言、不同的个性，冲突必然会发生。要摆脱童年的悲伤，治愈内心的孩子，去接受父母原本的样子是非常重要的一点。如果我们做不到这一点，对他们的抗拒就会让我们陷入愤怒和怨恨中难以自拔。

如果说我们原谅父母是为了疗愈过去的自己，那么接受他们就是为了修复现在和他们的关系。

下面有三条帮助大家接受父母的建议。

1. 要了解他们能够给予什么，不能给予什么

每一个孩子都应当有一对慈爱、善良、能够支持他的父母，但并不是所有孩子都能如此幸运。有些父母尽管也很爱自己的孩子，但就是做不到温暖、关心和照顾，他们可能没有养成这样的习惯，也可能就是个性使然。很多父母也有着他们自身无法解决的问题，困在其中无法脱身。一个连爱自己都做不到的人，又如何能给予自己的孩子所需要的爱呢？

而我们一旦意识到父母能给我们的和自己所需要的并不一致，并接受了这一事实，就会停止从他们那里寻求认可和爱。

为什么要去不停地敲一扇永远也不可能开的门呢？

让一个并不习惯表扬他人的人来表扬你，只会让自己失望。你其实早就知道他不会给你想要的认可。

我知道我的父亲的本能就是要监督我们，他不想让我们变得自负，所以才从来不会肯定或表扬我们。现在，我只有在需要帮助的时候才去找他，而不会去向他寻求认可或展示我有多成功。这让他可以用行动而不是用语言来表达他对我的爱。同时，我也意识到我的父母并不是那种可以自在地谈论自己情感的人，所以我不再期待与他们进行深入的对话。我选择去跟我的弟弟聊这些话题，他更愿意与人分享更深层次的思想和感受。此外，我也结交了很多与我相似的朋友，他们愿意与我进行这样思想层面的交流。

我们很难接受父母原本的样子的原因之一，是期望他们做我们希望的事：

☆ 父母应该承认我的努力。

☆ 父母本该更加支持我的选择。

☆ 既然他们这么不关心我，那就根本不该生下我。

☆ 他早该知道不要这么做。

☆ 她怎么能不记得我的生日？

事实上，我们对别人的期望太高了。我们不能期望别人和自己一样。他们没有和我们一样的欲望和偏好。与其向父母要求爱和关注，不如调整自己，让自己能够接收到他们独特的爱的表达。

2. 从“得到”到“学到”的态度转变

我们之所以在一个家庭中出生，是为了获得成长。多数人的父母和他们的性格与喜好都不相同，我们需要学习如何与家庭成员相处。这个学习的过程不仅帮助我们自己获得成长，也帮助我们的父母成长。

一次我的前同事问我：“我要怎样才能教会我女儿数学？看到她连简单的加减法都搞不懂，我实在是不耐烦。”这位前同事没有意识到，他做这件事或许不是为了教女儿数学，而是让他自己学会对女儿更有耐心。

这个道理在我身上同样成立。我无意挑战我父亲的不安全感、恐惧和他所相信的一切，我希望的是他能够拥有更加开放的心态，能够更多地去相信、去接受。他的存在是为了考验和培养我追求梦想的韧性和毅力。我们命中注定要去按下触发对方情绪的那个“按钮”，并学会如何克服自己的消极情绪。

父母可以帮助你成为一个更好的人，这可能是通过他们做了的某些事，也可能是通过他们没能去做的某些事。

一旦明白了这一点，我们就能更容易接受父母和他们的行为。我们最不该做的就是把他们和其他父母做比较。不要问为什么其他人的父母会照护、支持他们的孩子，而我们的父母却虐待我们、不讲道理、难打交道。这样的比较只会让我们感到嫉妒，像个受害者。每个人的成长都要面对不同的课题。如果我们的课题就是如此，那么这意味着它正是我们需要成长的领域。你要充分利用它。

父母也可以是我们的精神导师。如果把他们看成是来到这世间教会我们一些有价值的东西的人，我们的关系也就自然会得到改善。但若把他们当成敌人，或者获取爱的来源，那么我们将继续痛苦下去。

3. 处理你的悲伤，而不是试图改变你的父母

对我们来说，去"纠正"父母的行为和心态似乎是个很诱人的目标，特别是在我们有帮助他人的倾向的情况下。但从我的经验看起来，这基本上不会奏效。

当我们试图改变别人时，只会让事情变得更糟。此外，要是我们试图去“纠正”父母，这和他们把我们当作问题少年试图改变我们又有什么区别呢？这两者的根源都是无法接受对方。

是的，父母或许有他们的问题需要解决，我们在家庭中要互相帮助使对方得到成长。但最终，一个人是否决定做出改变，完全取决于他自己。我们要选择是自我反省、获得成长还是维持现状。只有他才能帮助他自己，这不是我们能决定的事情。

要接受父母，让他们以自己的方式和节奏获得成长。我们只有在自己选择改变的时候才会改变。我们越让他们做某事，他们就越不想做。与其如此，倒不如让父母选择他们想走的道路，并接受他们可能永远也不会改变这一事实。我们可能是唯一一个希望他们改变的人，而他们并没有这个意愿，即使我们觉得改变对他们有好处。

不要幻想你的父母有一天会和现在不一样。

如果我们无法接受另一个人，这从来都不是那个人的问题，而是我们自己的问题。我们试图控制别人的行为，是因为不想触及自己的悲伤。接受父母原本的样子，意味着我们必须面对现实，放弃幻想。这意味着我们必须接受这样一个事实：他们不像我们想象的或希望的那样能够支持、照护自己的孩子。这也意味着我们必须接受我们无法让父母以我们所希望的方式来爱我们，我们其实无力从父母或其他人那里得到爱。我们对父母的幻想只能掩盖我们年幼时所经历过的悲伤，而意识到这只是幻想，会让我们重温那样的悲伤。

可是，我们只有通过处理好自己的不同情绪，包括愤怒、怨恨、羞耻、恐惧和悲伤，并接受父母原本的样子，才能最终获得自由。只有学会接受父母，我们才能承担起爱自己的责任，而不是等待着他们或依赖他们来照顾我们。改善我们与父母关系的唯一方法，就是改变与他们的相处方式。为此，我们自己也必须改变。

结语

成为你自己的父母

> 婴儿自从降生到这世间就需要爱，长大后也永远需要爱。
>
> ——弗兰克·A. 克拉克（Frank A. Clark）

在我结束前公司的兼职工作三个月后，他们又来找我帮忙。这一次是因为另一位朋友的眼睛需要动一个小手术。这对我来说就像个小测试，考验我是否从之前的经历中学到了什么。

这次的不同之处，是我首先询问了我内心的孩子。我要明确内心的孩子对我重返工作岗位这件事情的感受，才能决定是否接受这份工作。由于在内心的孩子与内心的父母之间建立了相互的理解，在这一次的兼职工作中我感到非常平静、幸福。自那以后，我内心的孩子一直非常愿意分享他的感受，无论是通过思想、情绪还是身体感受。我内心的父母对内心的孩子也很有同情心和耐心。他们之间的关系很融洽。即使两者之间仍有冲突，我也能意识到，这比让内心的孩子在潜意识层面破坏我所做的努力要好得多。

当你独自一人，没有被其他人或外部事件所触发时，要达成自我同情是很容易的。但我们都知道，这不现实。我们无法回避某些人或事。总会有像父母一样的人出现，总会有让你无法获得爱自己的能力的事发生。可能会有人批评你、反对你，别人的某些行为或者不作为可能会让你感到被拒绝，在这样的时刻，你需要知道如何让自己平静下来。消除你内心的孩子被触发的痛苦。事实上，每一个痛苦出现的时刻，都是你练习爱自己的机会，是你进一步释放内心的孩子的痛苦和恐惧的机会。

学习如何调和内心的父母和内心的孩子之间的关系，对人际相处也有帮助。你会清楚地知道自己需要什么，并能满足自己的需求，而不是一定要去寻找像是父母或配偶这样的人，期望他们会了解并且能够提供你所需要的。这会让你的伴侣和朋友卸下满足你期望的压力，同时当他们没能做到你所期望他们做的事情时，你也不至于感到失望。当然，这并不意味着我们在处理自己内心的问题时完全不需要别人的支持。

找到一个能像你爱自己一样爱你的人，并与他建立一段关系，这是一件很美好的事情，但这对你来说只是锦上添花而已。

最重要的关系，永远是你和自己的关系。

当你意识到爱就在自己的身体里时，也就不再需要从别人那里寻求爱。你只需要提醒自己去挖掘内心的爱，去支持自己。

同时，由于你已经学会了爱自己，到了成为父母的时候，你就同样也会知道该如何照顾孩子。你知道一个孩子会感到多么无助，你将能够以一种平衡了保护和照顾的方式去爱他。你也会知道，不要让身为父母的“自尊”阻碍了你与孩子的交流。最重要的是，你可以停止负面的循环，不会把内心的孩子所经历的痛苦传递给你真实的孩子。

很多人选择责怪父母对我们的教养，为他们没有反思和提高自己而沮丧。可一旦这样做了，我们也将把怨恨和愤怒传递给我们的后代。请记住，愤怒的背后是受伤的感情，而在受伤的感情背后是爱。当你足够深入自己的情感，你一定会看到对父母的爱。

不管过去发生了什么，你都可以用你期望父母爱你的方式去爱自己。你现在是成年人了，做你自己的父母吧。